加藤守和
Kato Morikazu

リーダーになったら知っておきたい12のこと

12 things every leader should know

組織人事コンサルが教えるこれからのチームマネジメント

日本能率協会マネジメントセンター

はじめに

「リーダーが組織の成功のカギを握る」

これが、本書における一貫した主張です。


組織の業績を決定づけるのは、戦略と人材です。

どのように優れた戦略やそれを実現するプロセスがあっても、メンバーの貢献意欲やモチベーションが低いと業績は上がりません。

個人の持つ創造性や生み出す付加価値が、組織の業績に大きく影響を及ぼすからです。


効率をあげるための改善提案をする。

新たな手法を試みる。

他社の成功事例を調べて取り入れてみる。

このような取り組みは、やれと言われてできるものではありません。本人が仕事に没頭し、組織のために何か貢献したいと考えるからこそ、前向きに取り組んでいくものです。リーダーの役割は、メンバーが思いっきり力を出す環境を整え、支えていくことです。

本書では4つのエンゲージメント（ワーク・ピープル・コミュニティ・ライフ）を高めることを通じ、メンバー自身が精神的・肉体的にも満たされているウェルビーイングな状態をつくっていくことをリーダーの役割と位置づけています。エンゲージメントとは、深いつながりを持った関係性を意味します。

「自分の仕事に誇りを持ち、組織に貢献している。働きがいと生きがいを両立させ、充実した日々を送っている」

この状態こそ、目指すべき姿です。エンゲージメントが職場内で高まってきたときに、職場の躍動感は増し、結果として組織の業績は高まっていきます。

それらのカギを握るのは、リーダーというわけです。

今まさに、職場を取り巻く環境は変わりつつあります。

テクノロジーの進化、働き方の変化、働く人たちの多様化や価値観の変化等です。これらは目に見える大きな変化もあれば、少しずつ確実に変化しているものもあります。

リーダーのあり方は、今までもこれからも変わらず求められる普遍的なリーダーシップと、時代や環境に対応して新たに求められるリーダーシップに分かれます。

リーダーはその双方をきちんと理解し、リーダーシップを適切に使い分けられなければ、チームやメンバーの力を引き出すことができません。リーダーの意識の持ち方が少し違うだけで、エンゲージメントの違いが大きく出てきてしまいます。

今、まさにリーダーのあり方を見つめ直すタイミングが来ているのです。

このことが、本書を執筆した大きな理由であり、本書を通じてウェルビーイングな職場が少しでも増えて欲しいという想いが、執筆を後押ししました。


本書はリーダーに求められる12のエッセンスをまとめたものです。これらをすべて備えることが、完璧なリーダーと言いたいわけではありません。

リーダーシップとは、教科書的なものではなく、もっとゴツゴツしたもので、その人にあったリーダーシップを模索することが重要です。

12のエッセンスは、リーダーシップ開発の選択肢です。自分が強化したいもの、苦手と感じているもの、すぐ役に立ちそうなものから、取り組んでみるとよいでしょう。

かつて、筆者はあるリーダーから次のような言葉を聞き、感銘を受けたことがあります。

「マネジャーはポジションがつくり、リーダーは人がつくる。会社や組織が任命すれば、マネジャーにはなれる。リーダーは、メンバーから信頼され、認められてはじめてなれるものだ。メンバーと真剣に向き合える人でなければ、リーダーにはなれない」

マネジャーはいるけど、リーダーはいないという組織であってはなりません。むしろ、多くのリーダーが創発・協働する組織を目指すべきでしょう。

リーダーが、メンバーと真剣に向き合い、活躍できる環境を整えることは、次世代のリーダーを育むことでもあります。

本書をきっかけとして、これからの時代にマッチした新たなリーダーが数多く生まれ、日本企業を活性化していくことを心から願っています。

Chapter 2 メンバーを充実させるための4つの要素

Chapter 3 これからのリーダーが知っておきたい12のこと

Section 1 リーダーシップのあり方——自律的な他者への影響力

Section 2 心理的安全性——安心感や充実感のある職場

Section 3 チームノーム──目標達成のための決めごと

Section 4 適所適材のアサインメント──やりがいのある仕事

Section 5 メンバーファースト——自己決定できる充実感

Section 6 オーセンティシティの言動——飾らない自分

Section 9 変化やテクノロジーへの柔軟性――変化はチャンス

Section 12 インテグリティ――リーダーとしての信頼性

Chapter 1

変わる働き方とこれからのリーダーの役割

当たり前でなくなった「会社に行くこと」

ビジネスパーソンの「働き方」は、新型コロナウィルスの世界的流行によりテレワークが普及したことで大きく変化しました。

パーソル総合研究所が2021年7月に行った調査では、テレワークの実施率は全国平均で27・5%、社員1万人以上の大企業においては45・5%にのぼっています。

2015年における国土交通省の調査では、週1日以上テレワークをしている就業者は全労働者の2・7%に過ぎなかったことを考えると驚異的な数字です。

2019年に発生したコロナ禍は、ワクチン普及とともに落ち着きを取り戻し、行動制限も緩和され、世界的にも人の流れは戻ってきました。

もはや、コロナのことなど忘れてしまったかのように、社会や経済はもとの動きに戻りつつあります。

「働き方」については、どうでしょうか？

通勤電車は徐々に混雑を取り戻し、オフィスワークに戻る人も増えてきました。一方で、テレワークを続行したり、地方に移住したりする人もいます。

ただし、実際のところは、完全オフィスワークかテレワークかといった両極の働き方ではなく、もっと混じり合った「ハイブリッドワーク」が圧倒的に多数派です。


―日中はオフィスで働くが、夕方や家庭の用事があれば自宅で仕事をする。

―商談や社内会議などでビデオ会議を多用し、必ずしも対面を前提としない。

―週次・日次の予定を見て、オフィスか自宅かを決める。


このようなハイブリッドワークを志向する人も増えているのではないでしょうか？

テレワークか、オフィスワークかの二者択一ではなく、その両者を組み合わせた働き方の選択肢が無数に取れるようになったことが大きな変化と言えるでしょう。

もはや、出社日・リモート日の組み合わせだけではなく、時間単位での組み合わせも可能です。働き方は確実に柔軟性を増しているのです。

「働き手」である社員側の捉え方も大きな変化が起きています。

日本最大級の総合求人サイトであるエン転職が2023年2月に実施した「新型コロナ後の企業選びの軸」に関する調査レポートでは、働き手の意識の変化を見て取ることができます。

この調査はエン転職の登録者にアンケートを実施したもので、約1万人のユーザーの回答の集計・分析になります。

同調査によると、新型コロナウィルスを経験し、企業選びの軸が変わった人は約3割にのぼりました。

また、企業選びの軸が変わった人で、特に重視するようになった軸のトップ3は次のとおりでした。

- **希望の働き方（テレワーク・副業など）ができるか：51％**
- **希望の条件（勤務時間・休日休暇など）があるか：32％**

●業績が好調か：24%

もちろん、転職サイトに登録する人は、転職意向が比較的強い人であり、働き手全体を代表した意見ではありません。

しかし、年収やポジションだけではなく、「柔軟な働き方」が働き手の大きな関心事になっていることは間違いないでしょう。

私たちが認識しなければならないのは、「会社に行くこと」はすでに当たり前ではなくなったことです。

かつては、仕事をするためには「会社に行くこと」という大前提を社会全体で共有していました。

そのため、働き手にとっての会社選びは、出社を前提として、足し算で行われていました。

給料、知名度、安定性、仕事のやりがい、職場へのアクセス等を加算して、総合点が高いところを選ぶといった具合です。

しかし、出社が前提とはならなくなったため、人によっては、働き方の柔軟性は他の要素をすべてひっくり返すくらい重要性を持つようになりました。

多少、収入が減っても、テレワークができる企業のほうが良いとする人は増えています。むしろ、転職によって収入も働きやすさも増したという人すら珍しくありません。


「会社に行くこと」はすでに働き方の大前提ではありません。

柔軟に働ける環境が揃い、働き手も柔軟な働き方を望む人が増えています。

そして、柔軟な働き方を受け入れ、活力に変えようとする企業も増えています。

企業やリーダーが社員を動機づけ、会社へのロイヤリティや貢献度を高めていくためには、この前提の変化を正しく捉えなければなりません。

Good Leader 「会社に行くこと」は働き方の大前提ではないことを認識する

Z世代を中心に広がる「静かな退職」

コロナ禍を経て、米国では「静かな退職」を選択する人の増加が話題になっています。これは、仕事は人生の中心であるべきという考え方を否定し、時間外労働や業務範囲以上の貢献を拒む姿勢のことです。

実際に退職するわけではありませんが、会社と心のつながりを持たず、気持ちのうえでは退職したかのようにゆとりを持った気分で働く状態です。

特に、デジタルネイティブのZ世代（1995年頃から2010年代序盤生まれの世代）はお金や出世よりも自由になる時間を尊重する傾向にあり、この世代を中心にこのような価値観を持つ人が広がってきていることを米国のネットメディアなどで多数報じられています。

「静かな退職」が広がっている理由の1つは、前項とも重複しますが、働き手の価値観が大きく変わったことです。

テレワークを長く続ける中で、

「本当に自分は会社の役に立っているのか？」

「この仕事に意味があるのか？」

という自問自答を繰り返し、会社や仕事に意味・意義を見出せなくなる人が増えてきたのです。

特に若い世代は、仕事への習熟度合いが低く、仕事全体のプロセスを把握しにくいため、自己肯定感や成長実感が持ちにくく、意欲を損なわせる大きな要因になっています。筆者もZ世代の就業感について、多くの若者にヒアリングをしましたが、ゲーム感覚の就活に対する疑問を持つ人や自己の成長に対して自信を持てない人が多く、日本でも同様の傾向があると見てよいでしょう。

人間とは不思議なもので、「会社に行くこと」が強要されると抵抗感や反発が出てきますが、完全に孤立すると不安や焦燥感が生まれてきます。

オフィスへの出勤は時間や体力を要することですが、反面、メリットも大きいものです。上司やメンバーとの密なコミュニケーション、ちょっとしたフィードバックによる気づきや気軽な質問による疑問の解消、雑談から感じられる人とのつながり。

人の心は栄養を与えないと乾いてしまいます。人との交流は心の渇きを潤す効果があります。心が渇くと、人は必要以上の貢献をするのをやめてしまいます。組織や上司・同僚に諦めを抱いてしまうのです。

これこそが、「静かな退職」の原因なのです。

「静かな退職」は米国だけの問題ではなく、日本にも当てはまります。むしろ、日本のほうが深刻かもしれません。

人材流動性が高い米国では「静かな退職」と同時に「大退職時代」が起きています。

経済が不安定だった2020年春には自主退職率は月間200万人（1・6％）だったものが、2021年4月以降は400万人（3・2％）を超え、2021年全体では前年を40％上回る5000万人近い働き手が自主退職したとされています。

嫌気がさしたら、サッサと退職する人が多く出現するのが大退職時代です。

ひるがえって、日本の転職市場はどうなっているでしょうか？

総務省の調べによると、転職者数は徐々に増えてきましたが、2019年の352万人をピークに減少傾向にあります。2021年には290万人まで落ち込んでおり、300万人を割り込んだのは2015年以来はじめてとなっています。

その一方で、転職希望者は増加傾向にあります。

これは、嫌気がさしても、なかなか転職までは踏み切れず、フラストレーションをためている日本人ビジネスパーソンが多いことを物語っています。

もともと、日本企業には「静かな退職」を示唆するキーワードが数多くあります。

働かないオジサン、社内ニート、ぶら下がり社員。

共通するのは、働く意欲は乏しいものの、退職する意志はないということです。

この「静かな退職」は、昔から日本企業には存在し続けたわけです。

世論調査や人材コンサルティングを行う米国ギャラップ社の「グローバル職場環境調査」によると、仕事への熱意や職場への愛着を持つ「熱意ある社員」の割合は2017年に日本はおよそ6%、調査対象139カ国中132位と世界においても最低レベルでした。

2020年調査のその割合は5・3%とさらに下がっており、世界平均が23%の中で日本人ビジネスパーソンの意欲低下レベルは深刻です。

「静かな退職」はつまるところ、会社や仕事に対する「諦め」です。
仕事がつまらない、会社が好きになれない、出世に魅力を感じない。
かといって、他社に移ったところで、状況が改善されるわけではない。
だから、一所懸命になれないのです。
今の環境を維持しながら、必要最低限の仕事しかしない。
意欲を燃やすことで、後々に自分が傷ついたり、燃え尽きたりすることを回避する。
「報われる」期待が薄いからこそ、自分の意欲や努力を投資できないわけです。

「静かな退職」は、働き手だけの問題ではありません。
本人が意欲を燃やすに足る期待を与えられていないことも大きな原因です。
会社やリーダーは、そのことを押さえておく必要があります。

Good Leader　「静かな退職」を生じさせないチーム運営を心がける

社員ごとに捉え方の違いがある「良い体験」「嫌な体験」

社員の意欲を高めていくには、社員体験という観点で働き方を捉える必要があります。

社員体験とは文字どおり、社員が会社・仕事を通して得られるすべての経験のことです。英語ではEmployee Experience（EX）と呼ばれるもので、グーグルやフェイスブックなど海外企業を中心として、昨今、納得感の高い働き方として積極的に取り組みが行われています。

社員体験という観点で働き方を捉えるとは、仕事の「瞬間単位」で働き方を認識することを意味しています。

人は、仕事をしているその瞬間瞬間で、その体験を感覚的に評価します。

出社を例にとると、出社がその人にとって良いか悪いかは、個々人の体験に対する評価の積み重ねで決まります。

長時間の満員電車に揺られる時間は大抵の人にとって「嫌な体験」です。

しかし、オフィスに出て、上司・同僚と気兼ねなく議論したり、思わぬヒントを得られたりできればその瞬間は、「良い体験」と感じる人もいます。

通勤時間を読書時間にあてたり、ちょっとした運動に捉えられたりする人は「良い体験」と感じるかもしれません。

オフィスに来ても、上司から叱責されたり、仕事が思うように進まなかったりしたら「嫌な体験」と認識するでしょう。

1日の中で、良い体験と悪い体験が様々あり、その体験の強弱や割合などをトータルで判断し、個々人は出社を良いか悪いかを判断するのです。

体験というものは非常にデリケートであり、個々人の状況や感性、相手との相性などにより、ポジティブにもネガティブにもなり得ます。

例えば、評価のフィードバックは振れ幅の大きい体験のひとつです。

信頼できる上司と部下の関係があり、上司が真摯に向き合う場合、評価のフィードバックはメンバーの意欲向上などのポジティブな効果をあげます。

しかし、信頼関係が崩れていたり、上司の向き合う姿勢に問題があったりすると、ネガティブな方向に振れていきます。

社員の意欲を高めていくとは、社員の1つ1つの体験をポジティブなものに書き換えていき、会社や仕事に対する求心力高めていくことに他なりません。

リーダーは、仕事の指示・指導をして業績を上げていくだけではなく、メンバーの成長や充実のために個々の体験に目を配らなければならないのです。

リーダーが目を配るべき社員体験は仕事や職場に限りません。

ワークライフバランスという言葉が一般化していますが、仕事とプライベートのバランスを重視する人が増えています。仕事が充実していても、プライベートが犠牲になるようでは、メンバーの気持ちは離れていきます。特に、働き方の柔軟性が高まったことで、仕事とプライベートの境目が曖昧になってきました。

今まで以上に、リーダーはメンバーのワークライフバランスに配慮する必要が出てきたのです。

ライフの重要度合いも人によって大きく変わります。

ワークライフバランスがとれていればそれに越したことはないと思う人がいる一方で、家族や友人の時間が何より大事なのでライフを優先したいと考える人もいます。

なかには、介護や育児の関係から、ライフの比重を高めなければならないとする人も増えています。

仕事と介護の両立支援クラウドを提供している株式会社リクシスが2019年にビジネスパーソン2500人に行った調査では、30代は17人に1人、40代では13人に1人は要介護認定者を日常的にサポートしながら仕事をしているという結果が出ています。

2022年に文部科学省が行った調査では、通常の学級に在籍する小中学生の8・8%に学習や行動に困難のある発達障害の可能性があることがわかっています。

メンバーの中には、どうしようもない重い事情を抱えながらも周囲に言い出せないままで働いている人が、少なからずいる可能性があるのです。

このように、社員にとっての仕事上の体験の価値はプライベートとの相対的なものにより決まり、それは個々人ごとに置かれている状況や感じ方は異なるのです。

もはや、部下の動機づけは仕事のことにだけ目を向けて行っていればよいという時代ではなくなりました。

部下の成長のみならず、置かれている環境や価値観、働き方に対する要望などに配慮して、上司は部下を適切にサポートしなければならないのです。

そして、**チームの構成メンバーが「良い体験」で満たされていることが、活力ある職場の条件であり、それをつくり出すのは上司であるリーダーの責任です。**

上司の世代にとっては、これを受け入れるのは難しい役割かもしれません。

自分たちが若い頃には、会社や上司から特段の配慮を受けることなく、必死でくらいついてきた人も多いでしょう。

長時間労働、単身赴任、自分の意向に合わない配置転換。

自らを犠牲にして、立場を手に入れたら、今度は部下に配慮することが求められる。納得できない人が出てくるのは、仕方がないことかもしれません。

しかし、時代と環境は変わりました。

もっと言えば、会社と個人のパワーバランスが変わったのです。


以前は、会社が強いパワーを持っていました。

会社と個人はいわば主従の関係でした。

会社が雇用を守る代わりに、社員を働かせる。

会社によっては、社員を酷使し、使い潰してしまうことすら珍しくありませんでした。

「ブラック労働」や「社畜」という言葉が一般化したのは、その表れでしょう。


今では、会社と個人の関係はもっと緩やかな関係にシフトしています。

転職はかつてよりしやすくなり、会社そのものも絶対的な存在ではなくなりました。

大企業や有名企業であっても、環境変化によって苦境に立たされることがあります。

副業を解禁する企業が増え、自分の経験やスキルを会社外で活用することも容易になってきました。

出世や高報酬などの外的報酬ではなく、社会的意義や働きがい等の内的報酬を重視する人も増えています。

働き手には選択肢が増え、必ずしも会社にしがみつかねばならない状況ではなくなったのです。

また、少子高齢化が個人のパワーの増加に拍車をかけています。

内閣府が発表している「人口減少と少子化」によると、日本の生産年齢人口（15～64歳）は2020年時点では約7400万人ですが、2030年には約6900万人、2040年には約6000万人になることが予想されています。

働き手の数自体が減っていけば、会社と個人の関係はさらに変化していきます。

会社は「働かせる」のではなく、「働いてもらう」と変化し、働き手から選ばれない会社や職場は事業継続が困難になります。

日本企業において、すでにその兆候が見てとれます。

帝国データバンクが約1万1500社に対して行った「人手不足に対する企業の動向調

査（2022年7月）」によると、人手不足の企業は47・7%と半数にのぼりました。なかでも、不規則で力仕事《ちから》のイメージがある旅館・ホテル／建設業は60%を超えており、慢性的な人手不足が明らかになっています。

同調査では、人手不足が理由の「人手不足倒産」も増加しており、人手不足が企業の存続を左右することすら出ているのです。

企業もリーダーも、すでに会社と個人は主従の関係ではなくなったことを認めなければなりません。むしろ、働き手から選ばれる会社や職場でなければ、高い業績は望むべくもなく、事業を継続することすらままならなくなります。

「働かせる」ではなく、「働いてもらう」へと変化していかねばならないのです。

Good Leader　「選ばれる職場」になるために必要なことは何かを考える

「充実した体験」が会社生活の価値観になる

選ばれる会社や職場になるためのキーワードは「充実した体験」です。

- 社員一人ひとりにとって、自分の大切にするものを満たしつつ、会社や職場で働くことに充実感を実感できる。
- 一人ひとりのニーズにあった働き方や貢献の仕方が尊重されている。
- 没頭し、熱中する仕事の機会が提供されている。
- 顧客の役に立つ仕事ができている。
- 上司や先輩からの薫陶・指導などによる学びを通し、成長実感が持てる。
- 職場内で心温まる交流がなされており、気が置けない友人がいる。
- 会社や職場の提供する社会的価値や意義に深く共感しており、それを目の当たりにする機会がある。

社員一人ひとりが、このようなポジティブな体験を積み重ねていくことで、会社や職場の求心力は強まっていきます。

また、ネガティブな体験をなくしていくことも、同時に必要です。

人はポジティブなことよりネガティブなことを、より強く記憶し影響を受けるものです。

- **退屈な仕事を押しつけられたり、意義や意味を感じない手続きを強いられたりする。**
- **上司が感情的に叱責する。**
- **自身や同僚が不当な扱いを受けている。**
- **顧客に対して不誠実なサービスを提供している。**

いかにポジティブな体験があろうとも、このようなネガティブな体験はすべてを帳消しにします。

職場での良い体験は自尊心や帰属意識を育てますが、悪い体験は信頼や好意を奪っていきます。

些細なことであっても、その体験は心の中で繰り返され、ネガティブな感情を刺激し、いつまでも尾をひくことになります。

そして、会社と本人の間の関係性は冷え込んでいきます。

ネガティブな体験を徹底的になくすとともに、ポジティブな体験で満たされる職場をつくっていくことが、選ばれる会社の条件です。

そして、一人ひとりの価値観や環境、志向などに意識を配り、寄り添っていくことです。

このような体験の創出は、成り行きでは実現できません。

会社やリーダーが意図的につくり出すものです。

成り行きに任せていると、メンバーはそれぞれの環境や価値観に合わせて判断し、気づいたら職場にネガティブな体験が積み上がっている事態に陥りかねません。

これからのリーダーは、メンバーを力強く導いていくだけではなく、個々人に寄り添っ

て支援していくことが求められます。

組織のビジョンや将来などの道を指し示していく役割だけではなく、メンバーの個々の環境を配慮しながら導いていく伴走者としての役割が期待されます。

そして、メンバーが心身ともに充実して仕事に向き合うための機会をつくり出していくプロデューサーとしての役割もあります。

他者への配慮を持たない人には業績が上がってもメンバーがついて来ず、「リーダー失格」の烙印が押されるのがこれからの職場の常識になります。

このリーダーのもとにいれば、「充実した体験」がより多く手に入る。

このようにメンバーから認められ、信頼されるリーダーこそが、これからの時代に求められるリーダーです。

メンバーが仕事や組織に充実感や誇りを覚え、仕事に邁進することでチームの活力は高まっていきます。

また、プライベートも充実し、仕事との両立ができることで、メンバーの心身はともに満たされていきます。

肉体的・精神的・社会的に満たされた状態を「ウェルビーイング」と呼びます。

メンバーがウェルビーイングであることこそが、これからの組織の成否を分ける人材戦略になるのです。

そして、その職場づくりができるリーダーこそが、会社から評価される人ということです。

Good Leader メンバーの伴走者として「充実した体験」をつくり出していく

Chapter 2

メンバーを充実させるための4つの要素

ワーク・ピープル・コミュニティ・ライフの充実が幸せな体験の条件

リーダーの重要な役割は、メンバーの「充実した体験」をつくり出すことです。

しかし、「充実した体験」といっても、その内容は多岐にわたります。

そして、社員一人ひとりの捉え方には大きな幅があります。

そのままでは焦点を合わせにくいため、筆者は体験を大きく4つのエンゲージメントに分類することを提唱しています。

エンゲージメントとは「誓約」や「約束」を意味する言葉ですが、ここでは「**深いつながりを持った関係性**」という意味合いです。

昨今は社員エンゲージメントを重視する会社が増えてきましたが、社員エンゲージメントとは、社員が会社に対して強い「つながり意識」を持ち、自主的に会社へ貢献しようとする度合いを指します。

「充実した体験」をつくり出す４つのエンゲージメント

People
（人）

相互に敬意を持てる
パートナー

- ✓尊敬できる上司・同僚
- ✓学びにつながる刺激
- ✓暖かな交流
- ✓ヒトとの関わりの実感

Work
（仕事）

夢中になれる
仕事そのもの

- ✓仕事へのやりがい
- ✓成長実感
- ✓能力・スキル開発
- ✓社会的意義

Life
（生活）

充実した
プライベートライフ

- ✓家族や友人との交流関係
- ✓趣味や副業の機会
- ✓社外の学びの機会
- ✓自分らしい時間

Community
（共同体）

誇りの持てる組織

- ✓組織の一体感
- ✓ビジョンへの共感
- ✓居場所の実感
- ✓組織の一員としての誇らしさ

体験を分類する4つのエンゲージメントとは、Work（仕事）、People（人間関係）、Community（共同体）、Life（生活）になります。

この4つのエンゲージメントは筆者が長年、組織・人事コンサルタントとして支援をし、様々な組織の調査・分析をしていくなかで、活性化している組織に共通する特徴として浮かび上がってきたものです。

実際に社員活性度調査などで、良好な結果が出る組織でヒアリングを行っていくと、次のような声が数多くあがってきます。

- **仕事自体が楽しく充実している。**
- **尊敬できる上司・同僚がいる。**
- **所属する組織に対してロイヤリティや誇りを持てている。**
- **自分らしい働き方ができている。**

皆さんも、今までのキャリアで経験した「最高の職場」を思い浮かべてみると、こうしたキーワードが出てくるのではないでしょうか？

「最高の職場」は次のような要素を兼ね備えた職場であることが見えてきます。

仕事そのものに充実感が持てており（ワーク）、学びや心地よさを実感する良好な人間関係が職場にある（ピープル）。

組織の方向性や活動に共感するとともに所属実感や誇りを持ち（コミュニティ）、自分の仕事外で大切にするものと仕事の両立ができている（ライフ）。

当たり前のことと思えるかもしれませんが、「ワーク（仕事）」「ピープル（人間関係）」「コミュニティ（共同体）」「ライフ（生活）」の４つのエンゲージメントが充実感を高めます。

そして、メンバーは**幸福感を得る**、**つまり肉体的・精神的・社会的に満たされた「ウェルビーイング」**へつながるのです。

「最高の職場」では、日々、それを実感するような体験が起きます。

●本人の能力や意欲に合わせ、少しストレッチするような課題が与えられ、成長実感を得ることができる。
●困ったことがあれば、すぐに周囲に相談でき、丁寧なサポートを受けられる。
●視座が高まるような薫陶やフィードバックが得られる。
●個人の時間を尊重してもらえ、趣味や学びに時間を割くことができる。

「あぁ、この職場にいて良かったな」と思う瞬間がたびたび訪れるのです。

米国の心理学者で幸福研究の権威エド・ディーナー教授によると、ポジティブな経験の頻度は、経験の強度よりはるかに幸福感を得る可能性が高いそうです。

ひらたく言うと、**毎日ささやかな良いことが数多く起こる人は、1回の大きな良いことが起きる人よりも、幸福である可能性が高い**というわけです。

具体例をあげると、表彰や特別ボーナスなどの1回の素晴らしい体験があることよりも、日常的にささやかな充足感を覚える体験が数多く起こることのほうが、社員は幸福に感じるわけです。

- **上司から仕事ぶりを褒められた。**
- **仕事の調整がうまくいった。**
- **周囲から感謝の言葉をもらった。**
- **職場内の懇親の場で思わぬ人と仲良くなった。**
- **家族と心温まる時間を持てた。**

このようなささやかなポジティブ体験の集積により、幸福感は高まります。

Good Leader　メンバーの「充実した体験」とは何かを考える

ワークエンゲージメント
——没入感のある仕事

ワークエンゲージメントとは、仕事に対してポジティブで充実した心理状態を持つことをいいます。

ワークエンゲージメントが高い状態とは、仕事にのめり込んでいる状況のことです。

- 仕事に熱中し、つい時間を忘れてしまう。
- 自分の能力が100%活かされており、万能感を持てる。
- 仕事が自分のために与えられた「天職」のように感じる。

まさに、このようなときに、ワークエンゲージメントが高まっています。ワークエンゲージメントは「やりがいのある仕事」に没入しているときに高まるのです。

では、「やりがいのある仕事」とは、どのようなものでしょうか？
それは、次の3つの視点のいずれか、あるいは複数を満たしている仕事です。

1. 自分の強みを活かし、伸ばすことができる：能力
2. 自分のやりたいことができる：欲求
3. 意味・意義を見出すことができる：価値観

それでは、一つひとつ見ていきましょう。

1. 自分の強みを活かし、伸ばすことができる：能力

自分自身の強みがきちんと仕事の中で活かされていることを実感すると、仕事に対する自己肯定感が生まれます。

- **自分は仕事を通じて価値を発揮できている。**
- **自分の能力が仕事の中で存分に活かされている。**

●仕事を通じて、自分の能力がさらに高まっている。

このように能力が活き、成長を実感できる仕事は、強い充足感をもたらしてくれます。

●語学の得意な人が国際的な仕事につく。

●コミュニケーションを得意とする人が接客や営業の仕事につく。

●設計技術を得意とする人が製品開発を行う。

このように、自分自身が得意とする能力が活きる仕事につくと、「こうすればもっと良くなる」といった創意工夫が発揮され、小さな成功体験を重ねることにもなります。

これらの成功体験が自分自身の能力や存在意義をポジティブに捉えることになり、仕事に対して前向きな意欲を引き出します。

逆に、自分の強みが全く活かされない仕事につくと、不満やストレスを感じます。

―専門機関で技術を学んできたのに、誰にでもできる簡単な作業をしている。

―特定領域での経験と実績があるのに、それらが活かされない仕事を命じられた。

―人との対話に強みがあるのに、黙々と作業をすることが求められる。


自分の能力が活きることのない仕事につくと自信を喪失したり、仕事に対する意欲が下がったりします。

能力が活きることのない状態が長く続くと燃え尽き（バーンアウト）も起こります。


適材適所という言葉がありますが、一人ひとりの強みを見出し、個々人の能力・経験が活きる仕事につけることは仕事のやりがいを生み出すためには欠かせません。

会社やリーダーが適材適所を意識して仕事を割り振っていくと、「組織や上司が自分たちを見てくれている／自分を活かそうとしてくれている」とメンバーは捉えます。


誰しも、自分が代替可能な部材として扱われるのではなく、組織にとってかけがえのない人材として扱われたいと考えています。

一人ひとりの強みに合った仕事の機会を提供することは、個々人の能力・経験に敬意を示し、その人ならではの良さを組織の中で活かしていきたいという姿勢を示すことでもあります。個人の能力を活かすことは、個々の人間性の尊重にもつながることを押さえておく必要があります。

2. 自分のやりたいことができる：欲求

「好きを仕事」は大きな充足感をもたらします。

例えば、映画やドラマなどが好きで、映像製作の仕事に携わる。

食べ歩きが好きで、飲食業やグルメライターの仕事につく。

旅行が好きで、旅行代理店に入社する。

「好き」を軸に仕事選びをして、楽しそうに仕事をする人が皆さんの周囲にもいるのではないでしょうか？

もちろん、「好き」だからこそ、仕事と分けたい人もいます。

一方で、「好き」だからこそ、仕事にすることで天職に感じる人もいます。良くも悪くも、「好き」は仕事選びに大きな影響を及ぼすものです。

「好き」は動機の源泉でもあり、うまく仕事の方向性と折り合いがつくと、大きな充足感を得ることができます。

ある劇団の役者をインタビューしたときのことです。

彼は、実際に役者の仕事を成り立たせるために、多くのアルバイトをしていました。早朝からコンビニで働き、日中は舞台に備えて稽古をし、また別のバイトに行く。まさに仕事漬けの日常を送っているようでした。

しかし、そこには悲壮感や倦怠感はありませんでした。むしろ、本人は目を輝かせて、次のように語ってくれました。

「役者の仕事は、自分にとって生きがいそのものです。ステージでスポットライトを浴びて芝居をする。その瞬間のために、寝食を忘れて稽古に打ち込む。そのためであれば、生活費のためにバイトをすることはなんの苦労でもありません。」

「好き」には大きな力があります。

「好き」と仕事が重なり合うと、損得抜きで没頭することができるわけです。

ビジネスパーソンからすると、「好きを仕事」は少し遠く感じる話かもしれません。

好きなことを突き詰めて、食べていける人はごくわずかです。

会社に属すると好きなことだけやっていくわけにはいきません。

歌舞伎には「為《す》まじきもの（しないほうがよいこと）は宮仕《みやづか》え」という名セリフがありますが、会社に勤めながら好きなことをするのは、難しいことは言うまでもありません。

だからといって、会社員は「好き」を全く諦めるというのは極端です。

「好きを仕事に」とするよりも、仕事の中に「好きを見つけて広げる」としてみてはどうでしょう？

- **営業の仕事をしていくなかで、企画提案の楽しみを見つけ広げていく。**
- **日々のルーティン業務において、効率化やプロセス改善に面白みを見つける。**
- **人をつなぐことや、支えていくことに喜びを感じる。**

「好き」を見出し、仕事で「好き」を感じる瞬間を増やしていくことが仕事への愛着を深めていくのです。

自分のやりたいことを仕事の中に見出すことは、仕事における内発的動機を呼び起こすことでもあります。

他者から言われるまでもなく、ましてや外的報酬のためでもなく、自分自身のために働く――。そのような自発性は「好き」から生まれてくるのです。

働きがいと個人の欲求には、強い結びつきがあります。

社員の充足感を満たしていくためには、メンバーの欲求をきちんと掴んでおくことです。

3．意味・意義を見出すことができる：価値観

仕事の意味・意義は、仕事に対する目的意識を喚起します。

一見、同じ仕事をしているように見えても、意味・意義の捉え方によって、仕事に対する向き合い方や熱意が変わってきます。

マネジメントの大家ドラッカーの著書『マネジメント［エッセンシャル版］基本と原則』（上田惇生訳、ダイヤモンド社）の中で紹介された「3人の石切り工」の話は、そのことがよくわかる寓話です。これはドラッカーが誰かから聞いた話らしいのですが、次のような内容です。

昔、3人の石切り工が並んで仕事をしていました。

それを見ていたある人が、次のように3人に訊ねました。

「お前たちは、なんのために石切りをしているのだ？」

1人めの石切り工

「暮らしのためだよ」

2人めの石切り工

「国中で一番の石切り工になるためだ」

3人めの石切り工

「みんなのために大寺院をつくっているのだ」

３人の石切り工は同じ作業をしていますが、仕事の捉え方がそれぞれ異なります。１人めはお金のため、２人めは自身の才能のため、３人めは使命や志のためです。

では、誰が最も仕事に価値を生み出すでしょうか？

答えは、言うまでもなく３人めです。

「まだ見ぬ誰かの心を動かす」という利他的で崇高な意味・意義が、仕事に対するひたむきな情熱の源泉となり、それが価値を生み出していくのです。


現実の仕事においても、仕事の意味・意義がもたらす動機のパワーははかりしれません。

ある製薬会社で医師や看護師などの医療従事者に直接対応する社員（ＭＲ：医療情報担当者）の高業績者に共通する特徴を調べたところ、仕事の意味・意義の捉え方が大きく異なることがわかりました。

医療業界では、多くのＭＲは自分の仕事を「医療従事者に対する支援」だと理解していましたが、高業績者はその先の「患者を救うこと」だと捉えていました。この捉え方の違いが、１つ１つの行動に違いを生み出していました。

―自分が担当する薬剤の効能だけではなく、疾患についても論文を読み込むなどして深く知るための努力を重ねる。

―医師が悩んでいる担当患者の状況を丁寧に聞き取り、その専門領域に精通した医師や知見を持った人と引き合わせる。

―自社製剤が決して患者に合わないようであれば、投薬をやめるよう進言する。

このような姿勢が顧客から信頼され、結果として高い業績貢献につながっていました。

自分の仕事に意味や意義を見出せなければ、それは退屈な作業になります。仕事はカネを稼ぐためだけの手段となり、できるだけ労力をかけたくないと考えてしまいます。

しかし、自分の仕事が誰かの役に立っており、確かな価値をもたらしているのだと自覚できれば取り組み方は変わってきます。仕事の意味・意義が仕事に対する情熱や充実感につながっていくからです。

組織やリーダーは、仕事の意味・意義のパワーをきちんと理解し、メンバーに適切な気

づきを提供することがワークエンゲージメントを高めることだと認識すべきです。

ワークエンゲージメントとは、仕事に対して前向きで充実した心理状態を持つことです。その状態になるには、個々人の能力・欲求・価値観のどれか、あるいは複数を刺激し、喚起していくことです。

社員が会社で、

- **存分に能力を活かせている。**
- **やりたい仕事ができている。**
- **意味や意義の深い仕事ができている。**

こうした環境をつくることで社員の仕事への「のめり込み」を促していきます。仕事にのめり込み、没入できる――。ワークエンゲージメントは「選ばれる会社」になるための、最も重要な条件です。

Good Leader メンバー一人ひとりに気を配り、仕事に没入できる環境をつくる

ピープルエンゲージメント
――良い人間関係から得られる成長実感

ピープルエンゲージメントとは、人間関係に対してポジティブで充実した心理状態を持つことです。

人間は社会的な生き物であり、他者との関わりのなかで、喜びや安心感を見出します。ともに米国の社会心理学者であるエドワード・デシ氏とリチャード・ライアン氏が提唱した自己決定の度合いがモチベーションや成果に影響するという「自己決定理論」の研究では、**仕事におけるモチベーションは「能力の発揮（有能さ）」や「業務の裁量（自律性）」に加え、「他者とのつながり（関係性）」を感じることに大きく影響を受ける**とされています。

「周囲は自分を必要な存在だと認めてくれている」と認識できていることが、働く意欲を喚起し、充実感をもたらします。

その逆も言えます。

他者とのつながりが感じられないと認識すると、ストレスや不安感を抱き、働く意欲は低下します。

「上司やメンバーが自分を認めてくれない」と思えると、本人の充実感は大きく損なわれるということです。

職場の人間関係が、働くうえでいかに重要かは言うまでもありません。

- **上司から仕事ぶりを褒められる。**
- **先輩から役に立つ助言をもらう。**
- **同僚が取り組んでいる仕事に刺激を受ける。**
- **後輩から頼られることで誇らしい気分になる。**
- **プライベートの何気ない雑談に気持ちがなごむ。**

職場における良好な関係性は、仕事における様々な瞬間で「良い体験」をもたらしてくれます。

逆に、職場の悪い関係性が本人の幸福度や充実感を削いでいきます。

―上司からはネチネチと嫌みを言われる。
―職場で挨拶をしても、誰も返事を返してこない。
―同僚や後輩とも、仕事上の最低限の会話しかない。
―職場内で社内政治や派閥争いがあり、常に発言に気をつけないといけない。

このような職場だと、月曜日が来るのが憂鬱なのは容易に想像できます。

テレワークの普及は、利便性が増した一方で、人間関係を難しくさせました。それには2つの理由があります。

1つは、オンラインのコミュニケーションは情報を伝えますが、「空気を伝えないこと」です。

私たちは普段あまり意識をしていませんが、五感を活用して他者とコミュニケーションをしています。相手の細かな表情の変化、身振りや手振り、語気や熱意などです。リアルなコミュニケーションでは、相手と同じ空間にいることで、このような様々なシグナルを受け取り、自然と空気を読んでいるのです。

オンラインでは同じようにはいきません。視覚・聴覚情報は伝わりますが、嗅覚や温度感は伝わりません。どこかライブ感が損なわれるからです。

オンラインでは用件を伝達するためには有用ですが、感情をくみ取ったり、共感を得たりする「気持ちの伝達」では、リアルなコミュニケーションを完全に代替するものではありません。

人間関係は、感情をベースに成り立っています。

オンラインのコミュニケーションが増えていくことで、情報伝達では困らないかもしれませんが、人とのつながり意識が薄れてしまうリスクがあることを理解する必要があります。

もう１つの理由は、「余白時間の減少」です。

オンラインのコミュニケーションは効率的ですが、余白時間をなくしました。
会議の前後や移動時間、休憩室で交わされる予定外の余白時間がなくなりました。
このような余白時間にこそ、「目的がないが、重要なやりとり」がなされていました。

- **ささやかな感謝やフィードバック。**
- **暗黙知の共有や助言。**
- **他愛のない雑談や私的な相談。**

目的のない時間だからこそ生まれる会話やつながりが、そこにはありました。
社会全体がオフィス出社に戻りつつありますが、かつてのような余白時間は少なくなっていると聞きます。

――オフィスに出勤していても、隙間なく会議が詰め込まれる。
――挨拶くらいはするが、立ち止まってゆっくり話す機会がない。
――懇親や雑談の機会自体が少ない。

余白時間の減少は、職場の人間関係を希薄にさせる大きなリスクになりつつあります。

オフィス出社が前提ではなくなり、リアルなコミュニケーションは確実に減っています。成り行きに任せていると、職場の人間関係は希薄化するリスクが多分にあります。

だからこそ、意図的に人間関係をつくっていく必要があります。**職場のヒト同士をつなぎ、ヒトと交わる良い体験を生み出し、関係性をつくっていくのも、新しい環境におけるリーダーの役割**なのです。

人間関係をつくるといっても、単純に仲が良ければよいというわけではありません。職場の人間関係が、組織を支える大きな推進力になる必要があります。

そのためには、次の3つの視点で、人間関係を捉えていくことが重要です。

- **信頼：公正で尊重されていることが実感できる関係**
- **成長：相互に刺激を与え合い、成長し合える関係**

●親和：親しみと調和のとれた良好な関係

これらの3つの要素を刺激する体験を職場内でつくり出していくことで、職場のメンバーは人間関係に対してポジティブで充実した心理状態を持つことができます。

●周囲から自分は尊重されている。
●上司・同僚・部下から大きな学びを得ている。
●人間らしい温かみを職場の交流を通して感じられる。

このようなポジティブな人間関係が、働きがいや愛着心を生むのです。

職場における人間関係は、全員がオフィスに出社するという前提が崩れたことで希薄化しやすくなりました。

同じ会社・同じ職場であっても、滅多に顔を合わせることがないということも珍しくありません。

職場での他愛のない雑談を通した交流や刺激、偶然の出会いから得られる学びやインスピレーションなどは、自然発生的に起きにくくなりました。

感謝、調和、共感、学び、敬意。

このような感情を人間関係の中から得にくくなり、働き手は孤独や退屈感を覚えやすくなりました。

だからこそ、ポジティブ感情を喚起する関係性を意図的に職場内につくっていくことが大切になります。

「選ばれる組織」になるためには、組織やリーダーが積極的に関係性をつくるための仕掛けをしていくことです。

Good Leader メンバー同士のつながりができるチームづくりを目指す

―コミュニティエンゲージメント―
良い組織に所属することで得られる多幸感

コミュニティエンゲージメントとは、良い組織での所属感や愛着心によってポジティブな感情に満たされる状態のことです。

会社はひとつの大きなコミュニティです。そして、会社の中には、公式・非公式なコミュニティが無数に存在します。

職場は、小さな公式コミュニティです。

そのほか、同期の集まり、趣味の集まり、気が置けない先輩・後輩グループ、雑談仲間。このような非公式コミュニティも多数あります。

会社に対するコミュニティエンゲージメントが高い状態とは次の2つです。

1. 会社全体のコミュニティに信頼感を持ち、誇りを感じる

2. 会社内の複数のコミュニティに居場所があり、安心感を持てる

それでは、1つずつ見ていきましょう。

1．会社全体のコミュニティに信頼感を持ち、誇りを感じる

会社という大きなコミュニティに対して、どれだけ強く太いつながりが持てるかが所属感や愛着心の土台になります。

それは、会社の方向性や活動に対する共感やコミュニティそのものに対する信頼感から生まれてきます。

昨今はパーパス（存在意義）を掲げる会社も増えてきましたが、会社の存在意義や方向感に対する共感は働き手の求心力の源泉です。

会社は社員一人ひとりの貢献の集積で成り立っています。

個人の視点からすると、仕事が細分化され、全体感がつかみにくくなります。

「自分自身が会社の一員として働くことで、最終的にどのような価値につながっている

のか？」

「会社はどこに向かっているのか？」

「会社の目指している方向は、誇らしいと思えることなのか？」


このような社員の根源的な問いに答える役割をパーパスが担っています。

パーパスは何も新しい概念ではありません。

会社の目的や社是・社訓、ミッションや理念・ビジョンなど、これまでも会社は様々な切り口で会社の方向感やあり方を示してきました。

その言葉の重みと共感の度合いが求心力につながるのです。


ソニー創始者の井深大《まさる》氏は、戦後の焼け野原の中で仲間と集い、会社を立ち上げ、設立趣旨書を作りました。

その中に有名な一節「真面目ナル技術者ノ技能ヲ最高度ニ発揮セシムベキ自由豁達ニシテ愉快ナル理想工場ノ建設」があります。

この考えはソニーの根幹を支え、共感する社員を惹きつけ、ソニーらしい社風の形成に大きな役割を果たしました。

必ずしも、明文化された理念やパーパスのみが、会社の存在価値や方向感を指し示すわけではありません。

組織を率いるリーダーの言動や情熱などが大きな力を持つこともあります。

ある会社では、日本の伝統的な着物の商流を変えることで、より安価で高品質な着物を消費者に届ける事業をしていました。

その会社の創業者は、「私たちの事業は単純に儲けるためにあるのではない。日本の着物文化を廃《すた》れさせず、後世に残していくためにある」と、ことあるごとに社内で伝えていました。

実際に社員にヒアリングをしてみると、その言葉や考え方に感銘を受けて、同社で働くことに強い誇りを感じている社員が多いことがわかりました。

筆者も、創業者である会長の理念を実現したいという社員の多さと熱量に驚かされたことを鮮明に記憶しています。

会社や経営陣の掲げる理想に共感を覚えることで、コミュニティとの心理的な距離は縮まっていきます。

その心理的な距離の近さが、社員の所属感・愛着心を高めていくのです。


組織やリーダーは理想を掲げるだけではなく、それに恥じない振る舞いが求められます。いかに高潔な理想を掲げていても、それに反する行動が組織内で横行していたり、黙認されていたりしたらどうでしょうか？

社員は「この会社は、本気で理想を実現しようとはしていない」と思います。

日常的な意思決定や振る舞いが会社の掲げる理想と合致していることこそが、理想を「本物」にします。

理想を「本物」にするかどうかは、組織やリーダー次第ということです。

2．会社内の複数のコミュニティに居場所があり、安心感を持てる

人はコミュニティに属することで自分の居場所が実感できます。

無数の公式、非公式コミュニティの存在は、社員に「ここに居てよい」という、心地良

い安心感をもたらします。

社員は必ず、何かしらかの職場に配置され、職場という公式のコミュニティに属します。それ以外にも様々な非公式コミュニティがあります。

職場内の仲の良いグループ、職場外の趣味のつながり、同期や先輩・後輩などの友人関係などです。

非公式コミュニティは、本人の積極性やパーソナリティ、周囲との相性、偶然の出会いなどの要素の組み合わせによってできます。

組織において、これらの非公式なコミュニティは社員に活力を与える重要な場です。

日本の人材マネジメントに心理学的アプローチを取り入れたリクルートの大沢武志氏は著書『心理学的経営』（ＰＨＰ研究所）の中で、次のように記しています。

「組織という集団のなかでは、組織の論理にしたがって、人間は自らの考えを次第に押しとどめるようになってしまう。そうして没個性となった個々人が人間性を取り戻すためには、インフォーマルグループが必要なのだ。」

組織は効果的効率的に業務を運営するためのものであり、ともすれば機械の歯車のように没個性化を個人に求めます。

非公式コミュニティは業務とは直接に関係せず、目的のないものです。無目的だからこそ、人間らしさのある交流が生まれ、ビジネスパーソンに人間性を取り戻させるのです。

このような「つながり」も、自然発生的には生まれにくくなってきました。テレワークの普及やリアルな社内イベントの自粛により、仕事で直接的に接点を持つ人以外との出会いの機会は確実に減っています。

新しく入社した人の中には、横や斜めの関係性をうまく持てずに孤立感を抱く人もいます。職場内で必要以上の付き合いをしないと割り切る人も増えてきています。

前章で触れた「静かな退職」とは、まさに希薄な人間関係の表れです。

だからこそ、組織やリーダーに求められるのは、「つながり」をつくっていくことです。

- 人と人をつなぎあわせる。
- 学びや交流が生まれやすい場をつくる。
- 自然発生に任せるのではなく、そのきっかけを提供する。

そのような「小さなお節介」が、非公式コミュニティを生むために重要な第一歩になります。

社員が無数のコミュニティの中で居場所を実感し、いきいきと働く。
そのためには、組織やリーダーの「小さなお節介」が大きな影響を及ぼすことを押さえておく必要があるでしょう。

Good Leader メンバーとコミュニティのつながりをつくり、「居場所」を提供する

ライフエンゲージメント──家族や趣味を通じたプライベートの充実感

ライフエンゲージメントとは、仕事以外のプライベートでの「生きがい」の充実のことです。

コロナ前の組織は、オンとオフがはっきりしていました。端的に言えば、オフィスにいる時間がオンタイムで、オフィスを出ればオフタイムでした。

そのため、企業が配慮しなければならないのは就業時間でした。

社員のプライベートライフの充実は、拘束時間である就業時間の効率化にかかっていました。

だからこそ、「働き方改革」だったのです。

しかし、テレワークが普及したことにより、時間だけではなく、場所も要素として加わりました。

働き方の柔軟性や選択肢が広がり、より自分らしい仕事とプライベートの両立がしやすくなりました。

ワーケーションのように、旅先で仕事をすることも可能になりました。

夕方に在宅ワークを中断し、子供の学校や塾への送り迎えをして、仕事に戻ることもできるようになりました。

友人や家族との交流、趣味の時間、副業・兼業なども柔軟な働き方により諦めなくてもよくなりました。

組織やリーダーは、このような個々人のプライベートの充実を尊重し、配慮する必要があります。

かつては、「仕事優先が当たり前。プライベートは犠牲にしてもやむを得ない」でも構いませんでした。誰もが、オフィスに拘束され、その時間は仕事に専念することが当然だったからです。

しかし、このような考え方は通用しない世の中に変わりつつあります。

働き手の就業感が変わったことも大きいですが、それを許容し推奨する企業も増えたからです。

今や、一部のベンチャー企業やテック企業だけではなく、大手企業でも積極的に柔軟な働き方を推奨することも珍しくありません。

転職サイトでは、「フルリモート」「週1日出勤」「テレワーク可能」といった検索条件で数多くの企業を探すことができます。

実際に、企業の採用担当者と話をしてみると、テレワークの可否によって募集数に大きな違いが出ているようです。

応募理由も、「通勤時間を減らしたい」「家族の時間を大事にしたい」といったものから、「オフィスのエアコンのハウスダストがつらい」「ペットとの時間を増やしたい」「テレワークの働き方にチャレンジしてみたい」など多種多様だそうです。

もはや、仕事最優先という考え方を貫いていると、「社員から選ばれない会社」になります。

組織やリーダーは、個々人のライフステージや大切にする価値観を認め、仕事とプライベートの両立を後押しするようにしなければなりません。

多様性を認め、それらを受け入れるという意味のインクルーシブな組織やリーダーでなければならないのです。

Good Leader メンバーの価値感を尊重し、仕事とプライベートの両立を後押しする

Chapter 3

これからのリーダーが知っておきたい12のこと

Section 1

リーダーシップのあり方
——自律的な他者への影響力

メンバーのリーダーシップを引き出す

リーダーが「ワーク」「ピープル」「コミュニティ」「ライフ」の4つのエンゲージメントを高めていくには、「主役は自分ではなく、メンバーである」ことを強く意識することです。

4つのエンゲージメントの主体は、リーダーではなくメンバーです。

- **メンバー自身が仕事に没頭する。**
- **公式・非公式のつながりを持つ。**
- **コミュニティに愛着心を持つ。**
- **自分のプライベートを充実させる。**

メンバーが主体となって、自律的に行動することが大前提です。

「これではメンバーに滅私奉公するだけではないか！」と考えるのは早計です。**メンバーが仕事や組織へのエンゲージメントを高めることは、リーダーへの信頼感を高めることになり、結果としてリーダーは仕事がやりやすくなります。リーダーとしての働き方を充実させるためには、まずはメンバーがストレスなく働けるようにするのです。**

このことを自覚したうえで、「リーダーシップとは何か？」を考えてみましょう。

リーダーシップとは、自律的に他者に影響力を及ぼすことで個人やチームの行動を促すことです。

リーダーシップは、必ずしも組織上の上位者のみが持つものではありません。

後輩に対して、指示や助言をするのもリーダーシップですし、フラットな同僚の間で自分から仕事の分担を提案するのもリーダーシップです。プライベートで友人や恋人に「イタリアンに行きませんか？」と自分から誘うのも立派なリーダーシップです。

ヒトが２人以上いて、他者に対して、何かの意図で導こうとする意志と行動を起こすのであれば、それはリーダーシップです。

ワーク・ピープル・コミュニティ・ライフの４つのエンゲージメントを満たした自律的な組織とは、メンバーそれぞれが自分の意志によってリーダーシップを発揮している組織です。

- メンバー自らが問題を発見し、自分で解決に導くように動く。
- メンバーが仕事の完遂のために、組織や同僚を巻き込みながら主体的に行動する。
- メンバーが積極的に声をあげ、周囲がその実現を全力で支援する。
- メンバー一人ひとりが、自律的に他者に働きかけを行い、お互いに良い刺激を与え合う。

そんなイメージの組織です。

これからのリーダーは自分自身のリーダーシップのあり方だけではなく、メンバーがリーダーシップを存分に発揮できる環境をつくることに注力します。

メンバー各人が潜在的に持つリーダーシップを引き出せることができれば、メンバーは自律的に活動しはじめ、リーダー自身はマネジメントの役割に集中できます。

リーダー自身が働きやすいチームにするためにも、メンバーが働きやすい環境づくりと仕事の支援が重要になるのです。

このことをよりはっきりと理解するために、次項から逆説的なリーダーのケースで考えてみましょう。

Good Leader　メンバーの自律性を尊重し、自主的に仕事ができる環境にする

リーダー失格の例1
言動に一貫性がない

◎行き当たりばったりリーダー

上司「この間のミーティングで決定した件だけど、こんなアプローチもありそうだよね。すでに手をつけているところ悪いけど、こっちの方向でも検討してくれる？」

…

数日後

…

上司「自分はそんなこと言ったっけ。申し訳ないけど、○○部長が反対しているようなので、いったん提案は取り下げて、別の方向で考えてくれる？」

…

また数日後

上司：「何度も検討・修正してもらったけど、最初の提案のほうがやっぱり良かったよ、元に戻しましょうか？」

変化の激しい時代、朝礼暮改のように会社からの指示がよく変わるという職場も少なくありません。

そのなかでも、メンバーが変化を楽しむようにイキイキとリーダーシップを発揮する職場もあれば、度重なる変更に振り回され、呆れ返って士気が下がる職場があります。

その違いはどこにあるのでしょうか？

それは、その変更の根底に一貫性があるかどうかです。

例えば、あるサービス開発でリーダーがユーザーの利便性向上を常日頃説いていて、そのために開発現場では試行錯誤の連続が続いている。

このような状況だと、朝令暮改が起きてもメンバーは納得できます。むしろ、リーダーの本気度に刺激され、奮起することすらあります。

しかし、変更の根底に一貫性が見えないと、メンバーは徒労感を覚えます。ポジティブ心理学の権威マーティン・セリグマンが提唱した「**学習性無力感**」という考えがあります。

これは、**自分の行動が結果を伴わないことを何度も経験しているうちに、やがて何をしても無意味だと思いはじめ、自ら行動を起こさないようになる感覚のこと**です。自分は無力であることを学習し、無気力な状態に陥ってしまうのです。

このような状態では、メンバーはリーダーシップを発揮することはありません。

メンバーがイキイキとリーダーシップを発揮するためには、リーダーがしっかりとした軸を持つことです。

リーダーが大事にしている部分を理解できてこそ、メンバーもそれを拠り所として、主体的に動くことができます。周囲もそれを全力でサポートします。

その積み重ねが、組織に対する信頼を強め、メンバーのリーダーシップを発揮させます。

- **リーダーが軸を持っている。**
- **本質的な部分では、一貫性を持っている。**

こうしたことが、きちんとメンバーに伝わっていることが重要です。

Good Leader しっかりとした軸を定め、言動に一貫性を持つ

リーダー失格の例2
物事に真摯に向き合わない

◎事なかれリーダー

メンバーA「あの上司には困るよね。事前に相談して、指示どおりに資料をつくったのに、会議で旗色が悪くなると、知らん顔してぜんぜん助けてくれない」
メンバーB「先日、他部門との調整が難航して報告と相談をしたんだけど、うまくやっといてよと取り合ってくれない」
メンバーC「家庭の事情でしばらくは仕事量を調整させてほしいと申し入れたけど、曖昧な答えが返ってきて、その話をしようとするとあからさまに嫌そうな顔をして逸らすんだよ」

職場では、様々なニーズがあり、ときとして相反や衝突が起きます。

―提案の賛同が得られない。

―部門間の利害が対立する。

―メンバーの希望どおりの仕事を割り振れない。

あちらを立てればこちらが立たず、という状況は珍しくありません。

リーダーシップの発揮にはエネルギーが必要です。

壁にぶつかり、うまくいかないことが続くと、やる気が失われ、主体的に行動しようとする気力が低下していきます。

特にメンバーには、パワーやネットワークが限られています。

リーダーが適切に対処をしなければ、メンバーは物事に取り組む前にエネルギーを消耗してしまい、リーダーシップを発揮するどころではありません。

メンバーのリーダーシップを引き出すには、リーダーはメンバーの最大の支援者でなければなりません。

●メンバーの提案が通るように、うまく援護する。

●自身の権限や人脈を使って、手助けする。

●プライベートな事情も含めて、個々人の悩みに向き合い、なんとかうまくいくように一緒に考える。

このように、壁を取り除いたり、一緒に乗り越えたりする姿勢が重要です。その積み重ねにより、メンバーはリーダーに対して信頼感を抱くようになり、リーダーシップが発揮しやすくなるのです。

間違っても、リーダー自身が壁になることがあってはなりません。

リーダーはメンバーが直面する課題がどのようなことであれ、真剣に向き合うことが仕

事です。

他者からすれば些細な問題に見えても、本人にとっては深刻な悩みであることはよくあります。

リーダーは、メンバーの大小様々な課題に1つ1つ向き合う真摯さが求められます。

経営学の大家、ドラッカーも様々な真摯さはリーダーの根源的資質であると説いています。『ドラッカー名著集2　現代の経営［上］』（上田惇生訳、ダイヤモンド社）には次のように述べられています。

「真摯さはごまかしがきかない。一緒に働けば、その者が真摯であるかどうかは数週間でわかる。部下たちは、無能、無知、頼りなさ、無作法など、ほとんどのことは許す。しかし、真摯さの欠如だけは許さない。そして、そのような者を選ぶマネジメントを許さない。」

真摯さは、リーダーに求められる本質的なものです。

「真摯さ」はこれからのリーダーだけではなく、これまでも求められていた普遍的な資質です。

しかし、その重要性は以前よりも増しています。

なぜなら働き手は、今まで以上に「本当の意味での充実」を求めるようになっているからです。

●メンバー個々人がリーダーシップを発揮し、仕事やプライベートで「自分らしさ」を十分に発揮できている。
●そのためには、リーダーが自分たちに真摯に向き合ってくれる。

その土台があってこそ、組織やリーダーに信頼と求心力が強まるのです。

真摯さの重要性を今こそ再認識する必要があります。

Good Leader 信頼と求心力を得るために誰に対しても真摯に向き合う

リーダー失格の例3
メンバーに任せない

◎過干渉型リーダー

（はじめの頃）

上司「この案件は、君に任せたから。わからないことは気軽に聞いてほしい。いつでも相談に乗るから」

（数日後）

上司「この案件は、どういう状況になっている？　任せたとは言ったけど、状況報告だけはしてもらわないとアドバイスのしようがないよ。あとこの件は、〇〇常務に通さないといけないから、明日あたり一緒に報告に行こう」

（また数日後）

上司「常務のインプットを踏まえると、方向性を修正していかないといけないな。ここの部分は、こういうふうに直してください。今日の午後に確認するからヨロシク」
部下：（全然、任されていない……）

メンバーがリーダーシップを発揮するためには、「自分で決定する余地」がなければなりません。

- **方針を決めることができる。**
- **仕事を采配できる。**
- **スケジュールを決めることができる。**

私たちビジネスパーソンは判断する場面が大小含めて様々あります。
そうした場で自己決定させてもらえない状況だと、メンバーのやる気は下がり、リーダーシップを発揮する気力も萎みます。

社会学者のダニエル・ピンクは著書『モチベーション3・0』（大前研一訳、講談社）の中で、自律性に重要な4つのT（Task：課題、Time：時間、Technique：手法、Team：チーム）をあげ、これらを自己決定することがモチベーションを高めるために大切であると説いています。

つまり、**「何を、いつ、どのように、誰と行うか」を自分で決められることが、モチベーションを高めるためには重要**なのです。

逆に言うと、これらを実感できない環境や関係性の中では、人は徐々にやる気を失っていくというわけです。

- **権限移譲を行い、部下に積極的に任せるべき。**
- **マイクロマネジメントは部下のモチベーションを下げる。**

このようなことは十分にわかっていながらも、ついつい過干渉になってしまうリーダーは多くいます。

これは、「自分が主役」という価値観を捨て切れないことが1つの要因です。

自己決定の機会は、決定権のある事柄に対して1人しか行使できません。リーダーが決定権をメンバーに移譲するということは、リーダーはそのタスクにおいて主役から降りるということです。

リーダーの中には、その役割を受け入れることができない人もいます。「不安になってしまう」という言い方のほうがシックリくるかもしれません。

―自分が仕切らなくて大丈夫だろうか？

―まだ、任せるには早かったのではないか？

このような不安な感情が募り、つい手や口を出してしまう。実際にリーダーが介入すると物事はうまく進み出す。

そして、「やはり、自分が手を出してよかった」と安堵するのです。

しかし、このような人は、無自覚なうちにメンバーの自己決定の機会を奪っていることに気づいていません。

「自分が主役」であることに満足感を覚え、「メンバーが主役」であることを許容しきれていないのです。

リーダーがこのような行動を取るとき、「メンバーに失敗させたくない」とする人もいます。しかし、それは大きな勘違いだと理解しなければなりません。

失敗せずに成長する人はいません。失敗も成長のための重要な経験なのです。

失敗経験を積まないままキャリアを歩んでしまうと、失敗しないようにと大胆な意思決定をしなくなります。

メンバーの中長期的な成長を願うのであれば、決定的な失敗をしないようにフォローはしつつも小さな失敗はキャリアの糧と捉え、どんどん挑戦させるくらいでなければなりません。

メンバー自身が失敗や挑戦を繰り返し、「自分の仕事は自分が主役」と実感することがメンバーのリーダーシップを育みます。

特に、本当の「働きがい」を重視する人が増えてきているからこそ、成長実感や仕事への当事者意識は重要になります。

自分本位ではなく、メンバー本位であることを、リーダーは強く意識しなければなりません。

Good Leader　メンバーの「自分で決める余地」を広げる

ウェルビーイングを実現するリーダー

リーダーは文字どおり、メンバーを導き、リードしなければなりません。そして、メンバー自身がリーダーの目指す方向に納得していることが重要です。

それには次のようなことを常に心がけた仕事をしていくことです。

- **リーダーは方向感やその想いの強さを示し、メンバーから共感を得る。**
- **それらの実現に向け、メンバー自身が考え、自己決定を繰り返しながら仕事を前進できるようにする。**
- **メンバーが失敗や挑戦を繰り返しながら、自律的に仕事をコントロールする。**
- **メンバー同士がお互いに良い影響や刺激を与えながら連携する。**

こうしたことをチーム内に満たしていくことが、これからのリーダーに求められます。

メンバー自身が自分にリーダーシップがあると実感できると、ワークエンゲージメントは大いに高まります。自己決定や能力発揮、成長実感などは仕事そのものの充足感を大きく高めるからです。

また、**リーダーの示す方向性への共感、仕事を任されることで感じる信頼感、リーダーから受ける適切なフォローや支援などが、リーダーとのつながりを深め、ピープルエンゲージメントを高めていきます。**

そして、今後いっそう重要になるのがライフエンゲージメントです。**ライフエンゲージメントを高めるには、メンバー自身が自律的に仕事をコントロールできるようにすることです。**

「どのタイミングに仕事の山場を持ってくるか？」
「自分のプライベートとどのようにバランスを取るか？」

「仕事をいつどこで行えばよいか？」

ワークライフバランスは、微妙なさじ加減で大きく充足感が変わります。仕事における自己決定の余地を持たせるとは、そのさじ加減をメンバー本人に委ねることを意味します。

本人にとっての丁度良いバランスは本人にしかわかりません。だからこそ、リーダーは「メンバーが主役」であることを強く意識し、本人の自己決定を大切にしなければなりません。

仕事とプライベートが充実していくと、職場や私生活に居場所ができていきます。**特に、仕事の充実やリーダーへの信頼感は、職場の中で「ここに居てよい」という安心感をもたらします。**

これこそが、コミュニティへの所属実感です。メンバーがリーダーシップを発揮することとは、コミュニティエンゲージメントを高めていくことでもあります。

肉体的・精神的・社会的に満たされたウェルビーイングの高い組織とは、つまるところ、メンバー一人ひとりが自分らしいウェルビーイングのかたちを実現できている組織です。一人ひとりが異なる「自分らしさ」を実現できることが重要ということです。

これまでも、これからも、リーダーが担う本質的な役割は、組織の目指すべき方向性を示し、舵取りを行い、組織を導いていくことです。

組織のウェルビーイングを実現するためには、さらにメンバーの自己決定やリーダーシップを育むための支援役やコーチとしての役割が必要になってきます。

その役割を果たすのが、これからのリーダーです。

Good Leader　メンバー一人ひとりが自分らしさを実現できるように支援する

リーダーの価値観や判断軸を示す

では、メンバーのリーダーシップを育むために、リーダーは何をすればよいでしょうか？

それは、**リーダーが最も大事にする価値観や判断軸を示す**ことです。

リーダーがチーム内でリーダーシップを発揮することとは、チームの今後についての方向性や考え方を提示して共感を得ることです。

そしてメンバーがリーダーシップを発揮するにも、拠り所となるリーダーの価値観や判断軸を理解しなければなりません。

例えば、リーダーが「顧客満足度が何よりも重要」と日常的にメンバーに伝えており、実際に難しい局面でも顧客満足度を常に優先した意思決定をしていたとします。

こうしたチームでは例えば顧客に関する問題に直面したとき、「顧客満足度」という判断軸があるので、その都度リーダーに尋ねなくともメンバー自身で顧客が納得する課題解決策を考え出します。

一方で、リーダーの判断軸の優先順位がはっきりしていないと、メンバーの判断に迷いが生じます。

あるときは顧客の期待値を優先し、またあるときは自社の収益性を優先したとします。リーダーの判断軸をメンバーが理解できない場合、いざ複数の判断要素がある状況にメンバーが直面すると、メンバーは自身の判断に自信を持つことができません。

こうなるとメンバーは都度、リーダーに判断を仰ぐようになり、リーダーシップが発揮できなくなります。

つまり、**リーダーの価値観や判断軸が明確で、メンバーの共鳴度が高いほど、メンバーのリーダーシップは発揮しやすくなる**ということです。

そして価値観や判断軸は一般論や借り物ではなく、リーダー自身がそれまで経験したことから得た揺らぎのない信念に基づくほど共鳴されやすくなります。

メンバーはリーダーの揺らぎのない価値観や判断軸を知ることで、自らの判断をどこに合わせればよいかがわかり、安心してリーダーシップを発揮できるようになります。

この揺るぎのない価値観や判断軸は、後述する「インテグリティ」とも重なります。

自身の根底に持つ価値観や信念は、本人の深層部分から出てくるものです。

自分の確たる価値観や信念を言葉にするには、過去を振り返って内省することです。


ある経営者が次世代リーダーの育成のために原体験を深掘りすることをしていました。

部下に、これまでの仕事の中で最も嬉しかったことと怒りを感じたことを思い出してもらい、その理由を繰り返し尋ねていました。

なぜ嬉しかったのか、なぜ怒りを感じたのかを繰り返し問うことで、その人が大事にしていることが徐々に明らかになるそうです。

これを突きつめていき、本人の内面から出てくることが、その人が本当に大切にしている価値観や信念というわけです。

これは本人の感情の揺れを頼りに、原体験を振り返る方法です。

原体験は、その人にしかない唯一無二のものです。

原体験に根ざした価値観や信念は、借り物や一般論ではなく、その人自身のものです。自身の価値観や信念を探究するには、原体験を振り返るワークはとても有効です。

また、メンバーに価値観や判断軸を示すにあたり、顧客に迷惑をかけてしまった苦い思い出、期待値を超えたときの達成感、自身の考え方が大きく変わった瞬間など自分自身の原体験をストーリーとして語ることも大事です。

「顧客の期待値を満たすことが何よりも重要だ」と抽象的に伝えるだけではなく、自らの経験やそこから得られた気づきや学びなどをストーリーとして共有することが、その価値観や判断軸をよりリアルにします。

リーダーがどんな原体験からその考えに至ったかを知ることで、メンバーはその価値観や信念を深く理解できます。それがメンバーのリーダーシップ発揮の拠り所になるのです。

Good Leader 原体験に根ざした価値観や信念をメンバーに示す

Section 2

心理的安全性
——安心感や充実感のある職場

心理的安全性を知る

ウェルビーイングな職場とは、メンバーが心身ともに健康で、仕事や組織に安心感や充実感を覚え、仕事に集中できる職場のことです。そのためには、プライベートと仕事の両立によってメンバーの心身が安定していることが必要です。

こうした職場にするには、**メンバーが恐れを感じることなく、自由に発言できる「心理的安全性」に配慮し、気になったことや言いたいことを臆することなく言える環境づくりに注力する**ことです。

心理的安全性とはハーバード大学のエイミー・C・エドモンドソン教授が1999年に提唱した概念であり、心理的安全性の高いチームには次のような特徴があります。

● **ミスしても責められない。**

- メンバーはチームのために問題や課題を提起し合う。
- 人と違うことが受け入れられる。
- リスクを冒しても安全性が保たれる。
- メンバー同士が助け合う。
- 努力に対して妨害する人がいない。
- 各人の個性やスキルが尊重され活かされる。

様々な研究において、心理的安全性の効果が確認されています。例えば、チームの業績向上やイノベーションの創出、意思決定の質の向上、組織学習の促進などです。

例えば、医療現場では心理的安全性が高いと若手医療従事者の習熟が早く、手術の成功率が高いことが明らかになっています。執刀医に対してサポートする医師や看護師が異変に気づいたときに、意見をしやすいかどうかで手術の成功率が変わるからです。

Good Leader　メンバーが恐れを感じない環境づくりに注力する

成功するチームの共通点

心理的安全性が保持されていると、意見を言いやすい環境がお互いのフィードバックを促進し、学びが深まっていく効果もあります。

ビジネスの現場では、グーグルが2012年に行った生産性改革プロジェクト「アリストテレス」により、成功するチームの共通点が心理的安全性にあったことがわかりました。

このプロジェクトでは共通の趣味があるかどうかや社内外でのコミュニケーションの量などチームワークについて質問するものでしたが、そこからは生産性の高いチームの共通性は見られませんでした。

しかし、様々な観点から分析してみると、他者への配慮や共感などメンタルな振る舞いが普通に行われているチームは常に高い生産性を挙げていることが判明しました。

こうしたチームは、話す人が一部に偏ることなく、誰もが同じくらいの時間発言していることもわかりました。

ここから、**成功するチームに共通する要素として、チーム内での「均等な発言機会」と「社会的感受性の高さ」が抽出されました。**

あらかじめ発言を均等配分するチーム、リーダーが話題を振るチーム、対等なディスカッションの時間を持つチームなど、形式は異なるものの、メンバーが全員ほぼ同じ割合で発言するチームは生産性が高い傾向がありました。

社会的感受性とは、他者の感情を表情から読み取る能力のことです。生産性の高いチームほど、メンバーの社会的感受性の平均値が高かったそうです。

「均等な発言機会」と「社会的感受性の高さ」は、チームに心理的安全性をもたらし、周囲の評価を恐れることなく自分の意見を率直に述べることにつながっていたのです。

Good Leader メンバーが全員ほぼ同じ割合で発言する職場環境をつくる

心理的安全性がない職場の特徴

メンバーの４つのエンゲージメントを高めるには心理的安全性が欠かせません。心理的安全性に配慮できていない職場では次のようなことが起こります。

◎仕事（ワーク）

- 自分の担当案件で新しいチャレンジを提案してみたら、「それ本当にうまくいくの?」と訝《いぶか》しげに言われ、やる気をそがれた。
- 仕事に求められる要望をきちんと把握したいが、会議内で「ダメな人」だと思われたくないため質問がしにくい。
- 何かを提案すると仕事を押しつけられるので、必要以上の発言は控えている。

◎人間関係（ピープル）

- 上司はあからさまに不機嫌オーラを出していて、仕事で必要なコミュニケーションであっても遠慮してしまう。
- 先輩や同僚はいつも忙しそうで、挨拶や雑談をしにくい。

◎共同体（コミュニティ）

- ビジョンやパーパスに沿っていない不適切な意思決定や行動を目にしても、「面倒なやつだ」と思われたくないため、何も言えない。

◎生活（ライフ）

- 定時帰宅や休職・休暇などを言い出しにくく、個人の生活は二の次にせざるを得ない雰囲気がある。

このような職場だと、組織に貢献したいという前向きな気持ちが起きないことは言うまでもないでしょう。

社員体験の観点では、職場全体が「嫌な体験」が蔓延している状態です。心理的安全性は社員の体験価値に強い影響を及ぼすのです。

エドモンドソン教授は、「無知」「無能」「邪魔」「否定的」という人間関係の4つの不安が自由な発言の妨げになるとしています。

- **無知だと思われたくない→必要なことでも質問をせず、相談をしない**
- **無能だと思われたくない→間違えを認めたり、主張を述べることをためらう**
- **邪魔だと思われたくない→他者に助けを求めたり、関わりを求めたりしない**
- **否定的だと思われたくない→他の人、特に上位者と違う意見をしない**

こうした不安が蔓延する職場だと、「素《す》のままの自分をさらけ出すべきではない」と考えて発言や行動が慎重になり、何もしないほうがマシとなります。

その結果、メンバーは必要以上の行動はせず、受け身的・消極的なチーム風土になりかねません。ウェルビーイングな職場とはほど遠い状態です。

メンバーが自分の主張を率直に表明でき、チームや個人にとって最適な選択をフラットに話し合えるサイクルが回ってこそ、メンバーはイキイキと働くことができます。

リーダーが活気に満ちあふれた職場にしたいと思ったら、心理的安全性を大切にしていかねばなりません。

Good Leader　無知・無能・邪魔・否定的の人間関係の４つの不安に注意する

心理的安全性を高める行動

リーダーは心理的安全性を高めるために、どのように行動すればよいのでしょうか？

心理的安全性の高い職場では、上司がメンバーを温かく包み込むようなリーダーシップを発揮していることがわかっています。

これは、心理的安全性の提唱者エドモンドソン教授は著書『恐れのない組織』（野津智子訳、英治出版）の中で「**インクルーシブ・リーダーシップ**」と呼び、次の3つの特徴があるとしています（インクルーシブとは「包摂的」とか「すべてを包み込むような」という意味）。

1. 気さくで話しやすい

2. 自分が完璧ではなくミスする人間であることを認識している

3. 他者から積極的に意見を求める

では、この3点を順に見ていきましょう。

1．気さくで話しやすい

気さくで話しやすいリーダーと言われて、どのようなリーダーを思い浮かべますか？

―笑顔で自分の話に耳を傾けてくれる。
―どのようなことを言っても受け止めてくれる。
―リーダーの考えと異なれば、頭ごなしに否定するのではなく、その考えを丁寧に話してくれ、相違点をすりあわせてくれる。

こんな感じでしょうか？

メンバーはリーダーに対して、自分の考え方や経験だけでなく、その背景や自身の内面を深く理解してほしいと思っているものです。
例えば、ふとした雑談からメンバーが中国語を話せることがわかったとしましょう。

その事実を理解するだけではなく、その経緯や経験に興味を持ってくれるリーダーにメンバーは受容的であると感じます。

「中国語が話せるんだ。そういう案件があったら頼むね」

と言われるより、

「え、いつ中国語を勉強したの？　どうして中国語に興味を持ったの？」

と背景を掘り下げてくれると自分への関心を感じ、親近感を感じるものです。

経営の神様と称された松下幸之助氏は部下にものを尋ねるとき、前傾姿勢で真剣に話に聞き入っていたそうです。話を聞いてもらった部下は感激し、そこで話したことをかたちにしようと尽力したり、幸之助氏がさらに喜びそうな情報を集めて持ってきたりしました。「ところで、きみ。部下の話に耳を傾けることは大切やで。部下の話を聞くと、えらい得をするよ」と、人の話を聞く重要性を説いたエピソードも残されています。

リーダーになる人の多くは優秀な社員です。

ただ、優秀な人に限って「自分は正しい」と思い上がりの気持ちが生じやすいものです。

これは、職場の心理的安全性を損なう発火点になり得ます。

メンバーに対する興味・関心を持ち、相手の意見を聞き入れ、きちんと受け止める。**「聴く」「受け止める」という受容的な態度が、インクルーシブリーダーの第一歩**です。

2．自分が完璧ではなくミスする人間であることを認識している

リーダーが完璧主義だとメンバーは萎縮します。そして過剰な完璧主義は心理的安全性を損なわせます。


―資料の隅から隅まで上司が目を通し、仔細に指示を受ける。

―顧客先での立ち居振る舞いから、心構えまで厳しく指導される。

―些細なミスであっても許されない。


こうした人のもとでは、常に緊張を強いられ、不用意な言動を慎むようになります。

当然、気軽に相談することもなくなります。気軽な相談は軽微な行き違いを明らかにし、重大なトラブルを未然に防ぐこともあります。

皮肉にも、ミスを徹底的になくそうとする完璧主義が気軽な相談を遠ざけ、深刻なトラブルに発展するリスクを抱えます。

「自分はそこまで完璧主義じゃない」と言うリーダーもいますが、メンバーのほうは潜在的に「上位者は自分を評価する人」と認識しています。

すると、ミスをすることが決定的な失点にならないまでも、自分の損になると思います。

自分のミスや欠点につながることは見せたくないのが部下の本音です。

そこでリーダーは次のようなメッセージを発信することです。

- 人は誰でもミスをする。
- 大切なのはミスを挽回すること。
- 自分もミスをする人間の一人。

メンバーに弱点を見せることは、リーダーの人間力を感じてもらうことでもあります。

3．他者から積極的に意見を求める

チーム内の「均等な発言機会」は心理的安全性の根幹です。メンバーは各自がチーム内である程度の発言が習慣化されてはじめて、臆せずに自分の意見を言うことができます。普段から、ほとんど発言しないメンバーが意見を言おうとすると、否応なく皆の視線が集まってきます。注目されると、自然と「変なことを言ったらどうしよう」という気持ちが湧き起こり、思ったことが言えなくなります。

そして、チームのみんなに率直な意見が言えなくなるのです。

チームの中には、様々なメンバーがいます。多少の反論は気にせず、自分の意見を出す人もいれば、引っ込み思案で消極的な人もいます。リーダーは、チーム全員がきちんと自分の意見を出せているかに目配りしなければなりません。

そして、発言の少ないメンバーには、必ず「○○さんは、どう思いますか？」「どんなことでも構わないので、気づいたことを教えてください」といったように、無理強いせずに自然に会議へ参加できるように促していきましょう。

メンバーの意見を引き出すリーダーは、すべからく乗せ上手・褒め上手です。「それは面白い視点ですね」「他にも気づいた点はありますか？」などと、意見を出した人を肯定し、さらなる意見を引き出そうとします。

相手に対する肯定的な姿勢を見せることで、メンバーに「自分は受け容れられている」と実感し、率直な意見を出しやすくなります。

時として、リーダーと対立する意見も出てくることがあるでしょう。

そのときも、頭ごなしに否定するのではなく、まずは意見をあげてくれたことに対して感謝を示すことです。そして、対立の理由を丁寧に聞き出すのがよいでしょう。そのうえで、どの意見を重視するのか、適切な着地点はないか等をすり合わせて判断します。

メンバーの意見を引き出し、耳を傾けること。

その「聞く耳」こそが、職場の心理的安全性を高めていくのです。

Good Leader メンバーを包み込むインクルーシブさを意識をする

Section 3

チームノーム
——目標達成のための決めごと

チームノームはなぜ必要か

リーダーの最大の仕事は、メンバーが協働してチームと個人の目標を達成し、チームとメンバーの成長を支援することです。

プロ野球やJリーグといったスポーツの世界を見ると、良いチームの条件とは何かをうかがい知ることができます。

資金力のあるチームが超一流選手を呼んできても、選手間の連携が悪ければ集団競技では勝てません。

その逆に、超一流選手がいなくても選手間のコミュニケーションがうまく取れて、協働体制ができているチームが最終的に好成績を収めることはよくあります。

協力や連携の違いで、チーム力は大きく左右されるということです。

ビジネスでも、協力や連携のあり方がパフォーマンスを左右します。

企業では、課や係などのチーム単位において、メンバーが自律的に連携が取れていることが理想です。

しかし、チーム内でひとりよがりな競争や対立があると、雰囲気がギスギスして他者に協力する気持ちが失われ、各自が自分の仕事だけやればいいんだと考えがちになります。

チームをこうした状態にしないために、リーダーがいなければならないわけです。

リーダーは知恵を使ってチームメンバーを連携させ、成果が出せる状態に持っていくことでその存在意義が果たせるのです。


米国の心理学者ブルース・タックマン氏の研究によれば、チームは、

①形成期（Forming）
②混乱期（Storming）
③統一期（Norming）
④機能期（Performing）

の４つの成長段階を経て、成果が出せる状態になります。

これは「**タックマンモデル**」としてよく知られたチームビルディングに関する理論です。

①形成期は、チームが結成されたばかりの状態で、お互いに本音を出さず様子見をしている段階です。

②混乱期に入ると、目的に向かってチームが動き始め、意見や主義・主張のぶつかり合いが起こります。

③統一期には、混乱を乗り越え、共通の規範や役割を理解します。お互いの特性を理解し合い、各自とチームがどのように関われば効果的かを学習します。そして、チームが効果的に目的を達成するための決めごと（Norm）が定まってきます。

④機能期は、文字どおりチームが機能し、成果が生まれる段階です。リーダーから言われなくとも、自律的にメンバーが協力し合い、成果を生み出していきます。

期待以上の業績を上げ続けるチームはほぼこの成長段階を経験していて、標準的なチームや成果が出にくいチームはどこかの段階で止まっていることが多いとされています。

例えば、

―形成期から様子見が続いているチーム
―まとまりがなく、混乱の最中にあるチーム
―混乱を経て、メンバー同士が不干渉になってしまったチーム

こうした状態なら、それはリーダーが役割を果たしていないことの表れです。

では、どうすればチームを成果が出せる状態にまとめられるのでしょうか？

カギは3段階目の「統一期（Norming）」です（Normingのnormは「規範、決めごと」という意味でもあります）。

チームのノーム（決めごと、規範）をリーダーが中心となりつくり上げていく、つまりチームノームをつくることです。

そしてチームをつくる過程でチームメンバーの本音や意見を明らかにし、形成期、混乱期を意図的に乗り越えていくのです。

心理学から派生したチームノームはスポーツの世界を中心に、組織の団結力を生んで成果を出す考え方として知られています。

チームノームがしっかりしていれば、チームの目指す方向がはっきりし、そこに向かって各自がすべきことやメンバーと協力すべきことが共有されます。
そのことでブレることなく行動し始めるので、組織力が飛躍的に高まり、成果を上げ続けるようになります。

そしてチームノームをつくるには、リーダーが中心となってチームメンバーが本音で意見を出しあいながら、チームとしての決めごと（ノーム）を合意することが重要です。

このときとても大事なことは、リーダーがどんなチームにしたいかを本音で語り、チーム内でのメンバーの役割や責任だけでなく、それぞれのワークスタイルや暗黙に期待していることを集約して明文化することです。

チームの基本ルールを決めて行動指針にすることは、チームの風土づくりになります。

Good Leader　メンバーとチームノームをつくり、チームの規律を共有する

チームノームの例1
テレワーク

テレワークの普及で、チームノームの重要性が増しています。

働く場所や時間に柔軟性が生まれ、個々人のライフスタイルに合った働き方が可能になった一方で、チームの生産性にバラツキが出始めたことがチームノームに注目が集まるきっかけになりました。

1992年に英国通信大手BTが行ったコールセンター職員を対象にした在宅勤務とオフィス勤務の生産性を検証する実験では、とても興味深い結果が出ました。

在宅勤務者とオフィス勤務者それぞれ同数に分けて、チームのパフォーマンスを測定する実験が行われました。ほどなく、在宅勤務グループのパフォーマンスが落ち込み始めました。

同僚への声がけや連携ができず、混乱と戸惑いが生じたことが原因のようでした。

そこで、同僚間で連絡や報告、ときには雑談しやすい仕組みを作って実験を継続したところ、在宅勤務チームの成果が回復し、オフィス勤務グループを上回り始めたのです。

その仕組みとは、チーム内での働き方や休憩時間、連携の仕方などルールを決めて共有したことです。

在宅勤務グループはルールがあることで育児や家事と仕事の両立がしやすくなり、働くことの喜びや活性度が高まったことで成果が出るようになったのです。

同社ではこの取り組み以降、２０００年までに大多数の社員が在宅勤務を選択するようになりました。

新型コロナの世界的流行当初にはそのノウハウを「在宅勤務をうまく進める実践ガイド」として13ページの小冊子にまとめました。その主な表題は次のとおりです。

1．自分に適したワークスペースをつくる
2．日々の習慣と目標および業務終了時間を決める
3．健康維持のために適宜休憩を取ることを厭わない

4．同僚たちとオンラインでの雑談を楽しむ

5．テクノロジーを十分に活用してリモートワークを充実させる

コロナ禍によりテレワークが始まった当初、多くの企業でその働き方は個人の裁量に委ねられました。

しかし、やってよいこととダメなことの線引きが曖昧だったこともあり、仕事の進め方は成り行き任せになり、メンバー個々のパフォーマンスにバラつきが生じたことは記憶に新しいことでしょう。

チームノームはその線引きを明らかにし、チーム連携と個人のパフォーマンス発揮の両立をサポートするものです。

ハイブリッドワークを継続する職場では今からでも遅くありません。働き方のルールをチームで話し合ってみてはいかがでしょうか？

Good Leader　チームノームを浸透させて、生産性のバラツキを防ぐ

チームノームの例2
生産的な会議

日本企業の労働生産性が世界でも低水準（1人あたりの労働生産性ＯＥＣＤ加盟38カ国中29位、出典：日本生産性本部「労働生産性の国際比較２０２２」）だとされる原因の１つに日本的な会議があるのではないでしょうか？

パーソル総合研究所と中原淳・立教大学教授による「労働時間に関する実態調査」（２０１７年、２０１８年実施）によれば、日本企業の社内会議・打ち合わせの年間平均参加時間は、メンバー層で１５４・１時間、係長層で３０１・２時間、部長層で４３４・５時間にのぼり、参加者がムダだと感じている会議がメンバー層で23・３％、上司層で27・５％あることがわかりました。

会議はルールが決まっていないと、議題の決定の仕方や実施時間などが曖昧になるものです。また、会議とはいうものの、慣習的な儀式のような時間のムダでしかないものもまだ残っている会社もあるようです。

グーグルではムダな会議にならないよう、次のようなノーム（規範）があります。

- **意思決定者が誰かを参加者に事前に周知する**
- **参加者は8名以内が原則**
- **意思決定者が会議の目的と参加者を決め、開催24時間前までには参加者にアジェンダを送付する**
- **会議の最後に決議をとりまとめ、決定事項とアクションプランを48時間以内に関係者に送付する**

また、アマゾンでは創業者のジェフ・ベゾスが始めた「**ピザ2枚ルール**」というユニークな取り組みがあります。

チームの会議は2枚のピザでお腹がいっぱいになるくらいの人数で行えば、意見が出しやすいし、効率的だとする考えです。

ピザ2枚を分け合う人数だとすると6～8名くらいの規模です。

ある日本企業の事例です。

チームノームがつくられる以前の経営会議は経営メンバーがお互いを様子見し、その場で本音が出ることはなく、会議後に事務局に意見やクレームを寄せるような有様でした。会議中に意思決定できないので、何かを決めるには会議以外の場での根回しと個別調整で行われることもしばしばありました。

経営メンバーの中にはさすがにこの状態はまずいと思っている人がいました。

ＣＥＯの交代を機に、この状態の改善のために経営メンバーのひとりが合宿会議を提起しました。会議では、提起者が口火を切り、経営会議のあり方が話し合われました。

最初は、周囲を見ながら遠慮がちに議論がスタートしましたが、新ＣＥＯの次の発言をきっかけとして、意見は次第に活発化していきました。

「私は本気で会社を変えていきたいと思っている。今の経営会議では、到底、会社が変わることができない。皆さんの本音を聞かせて欲しい。会社を変えるために力を貸していただけないでしょうか」

合宿内では、本音が出され、役員同士の対立する場面もあったそうです。しかし、夜の懇親会では対立を持ち越さず、和気あいあいとしたものとなりました。
同社ではこのプロセスを「建設的な衝突」とし、普段から行うことを合意しました。
そして、次の3つを経営会議のルールとして定めました。

1．提示された議題は、議論を尽くし、会議中に決める。
2．異論があれば会議中に意見を出す。なければ合意したものとみなす。
3．感情的対立は会議室に残し、外に持ち出さない。

これが効を奏し、見違えるほどに議論が活発化することになりました。

会議の運営方法次第で、チームは大きく変わります。
もし、生産性のない会議だとメンバーが感じていたら、それはリーダーの責任です。
慣習的に続けられている会議があるなら、その会議の意味を考え直すことです。
事例にあるように、リーダーの交代はそのチャンスです。

「そもそもこの会議は必要か？」
「必要な会議とは何のための会議か？」

こうしたことをメンバーと一緒に議論し、会議に意味を持たせるようにします。
そして、会議の目的がしっかり果たせられるチームノームをつくり、参加者が進んで議論する場にしていくことはリーダーの仕事です。

Good Leader 今あるチームの会議の意味をメンバーと話し合う

チームノームはチーム全員で決める

先述したように、チームノームはチームメンバー全員が話し合って決めます。

リーダーは決して自分の考えを押しつけたりせず、メンバー全員が意見を出し合い、そのチームならではのチームノームをつくっていく舵取り役に徹します。

このときリーダーは、次の3つのポイントに留意して決めていくのがいいと思います。

1．個々人の意志・要望を受け止める
2．暗黙的なものも含め、現状のチームノームを棚卸しする
3．新たなチームノームを策定する

1．個々人の意志・要望を受け止める

まずは、メンバーがチームに期待することや希望する働き方など、それぞれの考えを

出し合います。例えば、

「チームにどのような支援を期待しているのか」
「自分はどのようにチームに関わっていきたいのか」
「働く時間と場所はどのようにしてほしいのか」
「働くうえで何か制約はあるか」

こうした意見を率直に出し合います。

リーダーはどんな要望が出ても、まずはメンバーそれぞれが働き方にどんな想いを持っているかを確認します。

「多様性を受容する」という姿勢で意見をポジティブに捉え、意見を述べることの謝意をうなずきで表します。

そして、出された意見の背景や理由の確認として、その人の想いを深掘りする質問を臨機応変に投げかけます。

そのプロセスを通じて、メンバー個々の要望や期待を理解し、受け止めていくのです。

2．暗黙的なものも含め、現状のチームノームを棚卸しする

歴史の長い会社ほど、暗黙の決まりごと（ノーム）が職場に引き継がれています。
例えば、次のようなものはメンバーはどのように感じていると思いますか？

―若手には発言は求められず、一部の声の大きな社員の意見で物事が決まっている。
―改善提案をすると、言い出した人がその責任を負う。
―上司より早く退社することに気兼ねがある。

その一方で、次のようなものはどうでしょう？

―新人には年齢の近い先輩社員がＯＪＴトレーナーとしてフォローアップする。
―大型受注や昇進などがあれば、メンバー全員から称賛の言葉がかけられる。
―チームでの成功や失敗の事例を定期的に振り返るためのミーティングがある。

チームの暗黙の決まりごとには、良いものもあれば、悪いものもあります。特に、悪しき決まりごとは、有無を言わせず、新参者には従うことを求めがちです。「うちの組織ではこうだから」という組織慣習的な理由によるものです。

多くの人がおかしいと感じていても、慣れていってしまい、「世間の常識、我が社の非常識」という状態が生まれてしまうのです。

誰もがおかしいと思っているのにそのことを切り出せない雰囲気自体も問題ですが、「やめるべきものはやめる」とはっきりさせるのはリーダーの役割です。

そしてリーダーは働きやすい職場風土にするために、これまでの暗黙の決まりごとについて「これはおかしい」「これは残したい」という意見をメンバーに出してもらい、これからのチームノームのあり方を全員が共有します。

3．新たなチームノームを策定する

新たなチームノームの策定では、

①働き方

②コミュニケーション

③学び・フィードバック

この3点に焦点を当てると考えやすくなります。

①働き方

まず考慮するのが、「メンバー個々の希望を尊重すること」と「チームの生産性を上げる規範をつくること」です。

メンバーが柔軟な働き方を希望していれば、最大限それに配慮することです。ただし、スキルが伴わないメンバーには、柔軟な働き方と個々のパフォーマンスを両立するためのサポートを考える必要があります。

また、困ったときや業務の進捗確認のための報連相のルールは決めておきます。

メンバーの個々の希望や制約を受容しつつも、チームとしての生産性を維持・向上するためのルールという観点から考えます。

各自の働き方はどのような働き方を前提とするか、チームで生産性を保つための報告機会や情報共有はどのように担保するか。

働き方に関するチームノームはメンバーの構成が変われば、変わります。自身のチームにおいて何が最適かをチームで話し合い、決めていくプロセスそのものが重要と言えるでしょう。

②コミュニケーション

テレワークではコミュニケーション不足による孤立感が課題になります。そこで、出社曜日や、電話・オンラインでの連絡のルールの取り決めは重要です。

また、チャットやメールでの連絡は相手の対応の負荷にならない時間帯を決めたり、就業時間外は送信したりしないなど、相手への配慮が必要です。

会議もメンバー同士がコミュニケーションする場として重要です。ハイブリッド型でも可能、対面が必須などメンバーそしてチームとしての生産性を鑑みて取り決めます。

③学び・フィードバック

チームノームは働きやすさを推進することであると同時に、メンバーとチームの成長に資することも重要です。そのためのノームとして、リーダーはチーム内で成功・失敗事例の共有の場をつくることが有効です。

- **若手の成長につながる支援方法**（例：週次・月次などの助言や振り返りミーティング）
- **メンバーのモチベーション向上のための支援方法**（例：感謝や労いなどのポジティブなフィードバックを伝える方法）
- **失敗から学ぶための方法**（ネガティブな事例を活かす方法）

こうしたことをチームノームに組み入れて成長支援につなげます。

チームノームは固定化させておくべきものではありません。チームの成長度合いや仕事を取り巻く環境変化に合わせて柔軟に見直さなければなりません。

だからリーダーは、いまあるチームノームが現状に合わないと思ったらすぐに見直しを行い、最良の状態に改善していきます。

Good Leader チームの成長度合いや環境変化に合わせてチームノームを見直す

Section 4

適所適材のアサインメント
——やりがいのある仕事

仕事の割り振りは「少しストレッチ」

仕事の割り振り（アサインメント）は、ワークエンゲージメントに大きく影響します。
メンバーのワークエンゲージメントを高めていくには、

1．やりがいのある仕事を割り振りする（アサインメント）
2．割り振った仕事を本人が面白く感じられるように働きかける
3．意味・意義のない仕事をなくす

この3つを意識して、メンバーの仕事を「やりがいのある仕事」で満たしていきます。

やる気は本人の問題と切り離すのではなく、やる気が出やすい環境を整えるのがリーダーの役割です。

特に仕事のアサインメントは、本人にはどうしようもありません。

「やりがいのある仕事」を割り振ることこそ、リーダーの本分です。

そして、メンバーへのアサインメントで大事なことは、少しストレッチした仕事です。


ここで質問です。

あなたがこれまでガッツポーズを取ったのは、どのような場面だったでしょうか？

仕事、スポーツ、ゲーム、趣味、何でもいいですが、今までできなかったことができた瞬間が思い浮かびませんか？


―難しいプレゼンを成功させた。

―試合でゴールを決めた。

―ハイスコアをたたき出した。

―長年目指していた日本百名山を完登した。

―推しが武道館のステージに立った。

そんな瞬間に、自分の苦労が報われたと実感するのではないでしょうか？

この達成感は心理学的に明らかにされています。

米国の心理学者アトキンソンが提唱した「**達成動機理論**」では、モチベーションは達成確率が五分五分のときに最も高まるとされています。

必ずできるとは限らず、失敗する可能性もある。でも少し頑張れば手が届く。そういう瞬間に最も動機は高まるのです。

仕事のアサインメントでも「少しストレッチ」くらいがいいのです。

リーダーはメンバーの成果に責任を持つのでリスク管理に意識が傾きがちですが、その度合いが強すぎると仕事のアサインメントが保守的になります。

挑戦的な仕事を確実に実行できるメンバーに割り振ったり、自分で担当したりするとチームは成長しません。

だからリーダーはチームの成長を考えて、リスクを考慮しながらも、ストレッチしたアサインメントを行わなければなりません。

メンバー個々の仕事の難易度やスキルを見極めながら、「少しストレッチ」です。

場合によってはメンバー数人のプロジェクトチームにしたり、先輩社員やリーダー自身が補助したりしながら本人の挑戦への負担や不安を軽くします。

大事なことはメンバーの挑戦意欲を引き出しながら、成果を出していくアサインメントであり、サポートです。これが本人の成長の機会をつくり出します。

アサインメントとは要するに、いかに仕事をデザインするかが大事だということです。

Good Leader メンバーの成長をしっかり考慮に入れて仕事をアサインする

「働きがい」をつくるジョブ・クラフティング

本人の成長につながる仕事を割り振りしたその次は、本人がその仕事を面白く感じられるように働きかけていきます。

このとき参考になる考え方が「**ジョブ・クラフティング**」です。

ジョブ・クラフティングとは2001年に組織行動論の研究者である米国のエイミー・レズネスキー氏とジェーン・ダットソン氏によって提唱された概念であり、**メンバーの仕事に対する認知や行動を修正していくことでやらされ感のある仕事をやりがいのある活動へと変容させる手法**です。

ジョブ・クラフティングでは、上司の指示ではなく、メンバーが自分の意志で仕事を再定義し、自分ならではの仕事に変えていくことで、仕事そのものへの思い入れや愛着を強めていくことができます。ワークエンゲージメントを高める方法といえます。

「クラフト」とは、職人の技術や技巧による手工芸品のことです。機械で大量生産されるのではなく、職人が丹精こめて1つ1つ作り上げたものというニュアンスを持ちます。

これと同様に、ジョブ・クラフティングとは仕事の担い手が仕事を手作りするように、自分ならではの仕事にしていくことです。ジョブ・クラフティングに取り組むには、「業務」「人間関係」「認知」の3つの視点からアプローチします。

- **業務クラフティング：創意工夫を入れて、仕事自体を充実させること。**
- **人間関係クラフティング：仕事を通して人間関係を充実させること。**
- **認知クラフティング：社会的な価値など仕事への意味・意義を見出すこと。**

このうち、人間関係クラフティングは後述する「チームのコミュニケーション」で扱い、ここでは、業務クラフティングと認知クラフティングについて述べていきます。

Good Leader メンバーが自分の仕事に創意工夫が加えられるように支援する

業務クラフティング
――仕事に自分の創意工夫を入れる

業務クラフティングとは、仕事に「自分らしさをひと匙《さじ》入れる」ことであり、求められるゴールや大枠の進め方を守りつつも、細部に自分ならではの創意工夫を入れていくことです。

小さな創意工夫でも、自分自身による創意工夫は仕事への思い入れと愛着を育みます。

例えば、顧客先へのプレゼンのとき、資料作成や発表方法がすべて指示され、自分のアイデアが入れられなければ「自分の仕事」とは思えず、うまくいっても素直に喜べません。

「自分の仕事」とは、自分の創意工夫が入った仕事のことです。

自分が得た情報をもとに顧客課題を提案に盛り込んだり、相手の関心を引き寄せる内容に組み立てたり、その場の流れを掴みながら提案していけたりすると自分の創意工夫が仕事に入りこんでいきます。

これが「自分の仕事」です。「自分の仕事」ができると自信が生まれます。
プレゼンに限らず、業務クラフティングを行う余地は身近にいくつもあります。

- **複雑な業務プロセスを創意工夫で簡略化する。**
- **まとめ方や見せ方に自分らしさを入れてみる。**
- **チェックリストや手順書を自分流につくる。**

業務クラフティングは自律性を尊重しますが、メンバーに投げっぱなしにするのではなく、その進捗や効果を見ながら本人の取り組みを認めて褒めることが大事です。

そして良い取り組みはチーム内で共有したり、他部署に展開したりすると本人のやる気はさらに上がり、働きがいが一層高まります。

Good Leader　メンバーの創意工夫の良い取り組みはチームで共有する

認知クラフティング ―仕事に社会的意義を見出す

認知クラフティングは、仕事に対する考え方を見つめ直し、自分が携わる仕事は社会的にどんな意味や意義があるかを見出すことです。

仕事は同じでも、人によってその仕事の認知の仕方でモチベーションは大きく変わります。

やる気が見えないメンバーがいる場合、その人の仕事の認知を変える手助けをし、仕事の意味や意義を気づかせていくことができれば、取り組み姿勢は変えられます。

これが認知クラフティングを取り入れる最大効果の1つです。

働きがいについての専門研究機関である米GPTW（Great Place To Work）が2016年にフォーチュン誌に発表した調査報告「働きがいのある会社100」では、社員が長く働き続けたいとの想いを喚起する最も重要な要素として「私の仕事には特別な意味がある」

が示されました。

仕事の意味や意義が腹落ちすることで働きがいの気持ちが喚起されるということですが、その好事例に新幹線清掃員のチーム変革があります。

これはハーバードビジネススクールで「7分間の奇跡（7-Minute Miracle）」としてケーススタディにも採用されました。

「7分間の奇跡」とは新幹線到着後に1車両7分という驚異的なスピードで清掃しながら、清掃の仕事をショータイムのように変えたことです。

当初、掃除の質ややり方はバラバラで、清掃員の中には仕事に誇りを感じられないどころか、その仕事を知り合いに知られないようにしていた人もいたそうです。

定着率が低いと言われたその職場にJR東日本から異動してきた経営企画部長は現場の人たちに「みなさんの仕事がないと新幹線は動けない。みなさんは清掃の技術者だ」と伝え、清掃の仕事の意義を定義しなおしたのです。

そして、このことを何度も繰り返し説き続けたことで、清掃を作業的に行っていた社員の行動が変わり始めました。

7分間で完璧に清掃を仕上げるチームワーク、新幹線の到着を迎える黙礼、ホームで待つ乗車客に一列になって行うお辞儀。

自分の仕事が人のためになっていることが実感でき、それが一層のサービスレベルの向上を続けていることで経営学の題材にもなったのです。

Good Leader メンバー自身で担当する業務の意義を理解できるよう支援する

ムダな仕事をなくす

残念ながら、組織には意図せずともムダな仕事が発生します。

自分に適した業務を担当したにもかかわらず、ムダな業務で時間を費消することになれば、仕事自体にストレスが生じます。

本人がそれを言い出さなければ、リーダーがムダな仕事を取り除くようにすることです。

英国の歴史学者パーキンソンが提唱した「**パーキンソンの法則**」は、仕事の量は完了までに与えられた時間をすべて満たすまで膨張するというものですが、これは真理だと思えることがあなたの身の回りにもあるのではないでしょうか？

締切が月末までの仕事があったとして、余裕で終わる量にもかかわらず何となくやる気が起きず、合間を見ながら取り組むものの、結局は締め切りギリギリまでかかってしまう。

本来はもっと手間をかけずにできたことを時間いっぱいかけて、ダラダラやってしまうようなことです。

社内での業務は報告や調整などに時間の多くが占められたりしますが、従来から慣例的に行ってきている意味や意義が見えない業務はどこの組織にも必ずあります。

それを成り行き任せにしていると、ムダな業務はいつまでたっても終わりません。

誰かが「やめよう」と言わないかぎり、ムダな業務に仕事時間が奪われ続けるのです。

ある地方都市の役所でお聞きしたことですが、各部署に関わる議題の想定問答を準備するにあたってリーダーの采配で大きく業務時間が変わるそうです。質疑があるかどうかわからない詳細な部分まで調査と回答の作成を求めるリーダーのメンバーは常に残業続きで、要点のみを指示するリーダーのメンバーは残業がほとんどないそうです。

「やらない」とリーダーが示せるかどうかで、メンバーの負担は大きく変わります。

ムダがあれば「やめる」と言うのがリーダーの務めであり、それがメンバーの働きやすさにつながります。

Good Leader　チーム内にムダな仕事があれば、メンバーと改善策を話し合う

キャリアの先を見据えたリスキリング

ここまでリーダーに求められるアサインメントのポイントを説明してきました。

メンバーに良い仕事を割り振り、仕事を面白くするよう働きかけ、ムダな仕事をなくすこと、言い換えると組織における仕事を再設計することがリーダーの役割です。この役割を果たしていくには、「チームの仕事の設計」と「人員の配置」を正しく行うことです。

これでチーム運営の準備ができたことになりますが、ここからチームの目標達成とメンバーの成長支援を行うことで、チーム自体の成長につなげていきます。

そしてチームもメンバーも成長を続けることで組織全体に貢献し続けることになります。成長には先を見据えてスキルを磨き続けることが大切です。

時代の変化に合わせて、これから必要になるスキルを身につける「リスキリング」です。


ある外資系企業の話です。

日本法人のリーダーはグローバル企業の趨勢として、近い将来、経理・人事・ＩＴなど間接部門業務のコントロールはグローバルで集約されるだろうと予測しました。

そのリーダーが最初にメンバーに対して始めたのは、グローバルでの業務に転換するためのマインドセットの切り替えでした。

それから、語学力やＩＴ知識などのリスキリングを促しました。

数年後に間接部門の中枢業務がシンガポール等にシフトしましたが、そのおかげで日本法人のメンバーは新しい体制に問題なく移行できました。


世の中が常に変化し続けるなかで大事なことは、その変化に柔軟に対応できるようにスキルを磨き続けることです。

変化のスピードは年々早まっています。それに対応していくには、先を読みながらどうリスキリングしていくかです。

こうした変化に関する情報提供をタイムリーにメンバーに行えると、リーダーの信頼感が上がります。

そして、**リスキリングを成功させる秘訣は、習慣化**です。

勉強会や異業種交流、資格取得やスキルコンペなど普段から職場内で学びを習慣化し、変化への対応力や強めていきます。

それにはまず、リーダーがリスキリングする姿をメンバーに示すことです。

ここから「学習する組織」がスタートします。

Good Leader　メンバーの成長のために継続学習の習慣化を促す

Section 5

メンバーファースト
——自己決定できる充実感

「自己決定」できる職場づくり

メンバーのウェルビーイングの実現のために、リーダーはメンバー自身で「自己決定」できる職場にしなければなりません。

仕事の計画立案やその進め方の優先順位や時間配分など、日常的に決定すべきことはたくさんあります。しかし、それらを上司が決めてしまえば、メンバーは裁量が失われ、仕事へのモチベーションが上がりません。

人には生まれつき、自分の能力を使って何かを達成したいと思う「有能感」、自分のことは自分で決めたいとする「自律性」、誰かと交流を持ちたいと願う「関係性」の3つの心理的欲求があり、この欲求が満たされているときに人は幸福感を得られるといわれます。

なかでも「自律性」が最大のカギであり、「行動を自分で決めた」とはっきり思えると、心理的な満足感が高まるとされています。

神戸大学社会システムイノベーションセンターの西村和雄特命教授と同志社大学の八木匡教授が実施した「生活環境と幸福感に関するインターネット調査」（2018年2月実施、20歳以上70歳未満の男女およそ93万件の対象者のうち回答者約2万件を分析）においても、自己決定の重要性が明らかになっています。

この調査は「所得」「学歴」「自己決定」「健康」「人間関係」の5つの要因と幸福感の相関を調べたものです。

それによると、1位の「健康」、2位の「人間関係」に次ぐ3番目の要因として「自己決定」が影響することがわかりました。

「自己決定」を重ねた人は自分の判断で目的を達成する確率が高まり、成果に対して責任と誇りを持ちやすくなります。

そして、達成感や自尊心が喚起されることで幸福感が高まります。

Good Leader　メンバーが自分で行動を決めたと思えるような支援を心がける

多種多様な価値観の受容と尊重

メンバーの自己決定を支援するその第一歩は、人それぞれに価値観が違うことを受け入れ、個性を尊重することです。

人はそれぞれ、異なる優先順位や価値観で動いています。頭ではそれがわかっていても、無意識的に自分の経験と照らし合わせてしまうことがあります。

例えば、誰よりも一所懸命仕事をしてきて昇格したリーダーは、成長のためには人並み以上の努力が必要だと考えがちです。そうしたリーダーは、伸び悩むメンバーに自分と同じように一所懸命働くことを強いる言動を取りがちです。

その人の能力に関係なく、「とにかく量をこなすこと」が絶対的に正しいと思い込んでしまっているからです。

一方で、「自分とは違う」ことを過度に認識しているために、先入観を持ってしまうこともあります。若手の育成に取り組む年配のリーダーが、次のような発言をすることを聞いたことはありませんか？

「若い人は厳しい言い方をすると会社を辞めてしまう」

「成長意欲に乏しい若手世代が多い」

こうした考え方が強いと若手を1つのパターンに括ってしまい、一人ひとりの違いに意識が向かわなくなります。

これらは、「**無意識の偏見**（アンコンシャス・バイアス）」と呼ばれるものです。

自分の中に歪んだレンズを持っていると、一人ひとりの個性や価値観を見る感度が鈍ってきます。自分の先入観を正当化する情報ばかりを集めてそれ以外は無視することを「**確証バイアス**」と言いますが、それが強いとそれまでの経験や性格から「こうに違いない」「きっとこうなるだろう」といった思い込みが生じます。

そうならないためには、リーダーは透明なレンズでメンバーを見て、メンバー一人ひとりの個性を尊重するよう、自分に言い聞かせなければなりません。

メンバー一人ひとりの考え方を理解するということでは、部下の成長支援や組織力の向上に活かす目的で行う1on1ミーティングが有効です。

1on1ミーティングをうまく進めるコツは、相手の話に同意しながら傾聴することの実践です。

- **メンバーがどのようなことに興味・関心を持っているか？**
- **どんなキャリアに期待しているか？**
- **仕事以外でどのようなことに価値があると思っているか？**

リーダーは聞き役に徹し、あいづちなどで賛同を示しながら相手の話を受け入れることに努めます。

Good Leader 「無意識の偏見」を持たずに、メンバー一人ひとりと向きあう

メンバーファーストのスタンス

メンバーが気兼ねなく「自己決定」できる職場にするために、リーダーはメンバーファーストのスタンスを示さなければなりません。

例えば、メンバーから顧客とトラブルになったと報告を受けたとします。

このときリーダーは、顧客へすぐに謝りに行く、上層部と相談して対応を決める、善後策を考えて部下に指示するといった対応の仕方があるかもしれません。

メンバーファーストを実践するためには、メンバー自身が考えた方法を確認し、その意志を尊重することが重要です。

リーダーが判断するのではなく、メンバーの判断（自己決定）を尊重します。

―メンバーが顧客への謝罪を最優先していれば、対応方法をアドバイスする。

―メンバー自身が善後策を考えたなら、過不足がないか一緒に確認する。

―メンバー自身が助力を求めてきたら、メンバーが動きやすいように適切に対応をする。


メンバーファーストの実践は忍耐力が必要なときもあります。

リーダー自身が手を下したほうが早く終わることもあるでしょう。

しかし、あえてメンバーに「自己決定」の経験を積ませ、本人の当事者意識と成長実感を喚起させます。


自己決定の経験は成功体験にもなり、失敗からの学びにもなります。

この経験が自律性を育み、仕事での自己マネジメント力を磨きます。

Good Leader メンバーの成長になるように自己決定の機会をつくるようにする

メンバーの想いを知る傾聴力

メンバーの意志を大切にする行動を示すのに最も端的なことは、相手の話をよく聴くこと、「傾聴」です。

リーダーが傾聴する職場ほど、メンバーの心理的安全性は高まります。

筆者の仕事の1つである人材アセスメントでは、1対1のインタビューを通じて各人の長所・短所などの個性を理解し、その人の適性や今後のキャリア上のアドバイスをします。このとき、本人の印象に残っていることを中心に掘り下げて聴きますが、その人の部下との仕事など「他者の言動」についての話は出ても、部下がどんな思いでいたかなど「他者の感情」のことを語るリーダーは少ないと感じます。

会議や商談の場での部下の言動は覚えていても、どんな表情でどのような感情でいたかをはっきりと言える人はあまりいません。

これは、メンバーは自分のタスクを遂行してくれればいいと考える「タスク志向」が強い人が多いからです。

「タスク志向」が強いとタスクに意識が占められ、他者の感情に配慮する余裕がもてません。目の前のタスクをこなすことに手一杯になってしまうのです。

ただ、心理的安全性の高い職場風土にしていくには、メンバーが何を考えているのかを理解しなければ、どんな施策を実施していけばよいかわかりません。「タスク志向」ではなく「人材志向」でなければならないのです。

だから、時間と労力を投資して「傾聴」を行うことが重要です。

ここからは、傾聴力を磨く2つのポイントを紹介します。

1．まず聴くことに集中する

人が話しかけているのにスマホ画面から目を離さないなど、「ながら聴き」はそのつもりはなくとも相手は軽視されていると感じます。

いくら忙しいからといっても、この態度はリーダーとしてタブーです。

リーダーは作業中であってもメンバーから話しかけられてきたら、いったん作業を中止し、話し手に体を向けて聴く姿勢をとらねばなりません。

もし作業が中断できないようであれば、「10分後に私から話を聴きにいきます」などと時間を告げるようにすることです。

メンバーの話を聴くときは１００％集中です。

2．評価や判断をせず、理解に努める

傾聴では、評価や判断したくてもその気持ちは抑えて表情に出さず、相手の話に集中して理解しようとしている姿勢を保つようにします。

仮に仕事の愚痴などネガティブな話をしてきても「そんなこと言ってはいけない」と反応せず、「なんでそう思うのですか？」と問いかけるようにします。

相手が何をもってそう思っているのか、そのココロを知る問いかけが良い対応です。相手の意見に直情的に反応せず、相手を理解しようと努めることが傾聴です。

Good Leader　メンバーの話は１００％集中して傾聴することを心がける

メンバーのトリセツ

最近、「メンバーとの向き合い方がわからない」と言うリーダーが多くなった気がします。その背景に、メンバーのことがよくわからないことがあるようです。

メンバーを知るには、「トリセツ（取扱説明書）」を書き出してもらうのもおすすめです。

メンバーのマネジメントが上手なプロジェクトマネジャーにインタビューしたところ、彼は「トリセツ」をプロジェクトごとに出してもらっていました。「トリセツ」には様々なことが書かれているそうです。

「考えがまとまってからでないと動き出せない」

「複数のことを同時に行うのが苦手」

「集中するとぶっ続けで働いても余裕」

「傷つきやすい部分はあるが、ストレートにフィードバックしてほしい」

「落ち込んだときには焼き肉をお願いします」

そのプロジェクトマネジャーは、この「トリセツ」を手がかりに個々のメンバーと対話を重ね、本人の特徴やこだわりなどを深く把握します。そのうえで、プロジェクトの進め方やコミュニケーションの取り方などをメンバーに合わせてカスタマイズするそうです。

本人は「焼肉店で反省会をすることも多いです」と苦笑していました。

「トリセツ」はメンバーの仕事観や価値観、好き嫌いを事前に知るには有効です。

筆者自身も「トリセツ」によって気づかされたことがあります。あるプロジェクトにアサインされた若手のコンサルタントAさんの話です。

プロジェクトリーダーは昔ながらの指示型でした。Aさんは周囲に合わせる努力をしましたがチームのペースに慣れることができず、そのプロジェクトから外されました。

その後、Aさんは私のチームに参加することになりました。そしてプロジェクトが始まる前に彼に「トリセツ」を出してもらいました。すると、

「メンタルが豆腐のように弱いので厳しい物言いを避けてほしい」

「褒めて伸ばしてほしい」

といった希望をいくつか箇条書きにしてきました。

本人は体育会系でハキハキとした若手でしたので、ずいぶん意外に思いました。

私はその「トリセツ」を尊重して、本人をどのように仕事にアサインするかを考え、小さな成功でも褒めることを意識して、プロジェクトを進めていったところ、その人はイキイキとしながら自分の役割を十分に果たしてくれました。

メンバーの「トリセツ」とは、個々人にあった「接し方」の手引きということです。


ここまで見てきたように、**メンバーが「自己決定」できる職場とは、本人の意志を尊重し、成長支援が感じられる環境のことです。**

そうした場づくりに必要なのが、リーダーの「傾聴力」と「接し方」です。

職場はリーダー次第で充実感を得られる場にもなれば、与えられたタスクをこなすだけの淡々と作業をこなす場にもなります。

リーダーはそれだけの責任を持って職場環境を良くしていかなければならないのです。

Good Leader メンバーの想いを知るためにより良い接し方に配慮する

Section 6

オーセンティシティの言動

——飾らない自分

オーセンティック・リーダーになる

これからのリーダー像は、オーセンティック・リーダーです。

オーセンティックとは、「本物」や「真性」という意味であり、その語源はギリシャ語の「根源となる」です。

つまり**オーセンティック・リーダーとは、虚栄や気取りがなく、ありのままの飾らない自分を貫くリーダー**です。

- **立場や体面で言動を決めるのではなく、その人自身の考えで動く。**
- こだわりや感情などの人間らしい一面を持つ。
- ときには、弱い部分も見せる。

リーダーという立場にあっても、「その人らしさ」が普通に感じられることでメンバー

をはじめ周囲の人は安心感や信頼感を抱きます。

あなたの周りにも裏表のないリーダーはいますよね？

オーセンティック・リーダーとはそんな人です。

オーセンティック・リーダーが求められる背景には、組織内のパワーの構造が変わったことがあります。

かつてリーダーに求められたのは「強さ」でした。

大量生産の時代では限られたリーダーに権限を集中させ、トップダウンで物事を進めることで組織としての価値の最大化が図られました。

しかし、ビジネスモデルが大きく変わってきました。

「モノ消費からコト消費」と言われるように、多種多様なユーザーの体験価値が重視されるようになりました。製品やサービスを提供するだけではなく、それらを通してどのように問題解決になるのかに力点が移りました。

製品やサービスそのものから顧客の体験に価値がシフトしたのです。

これにより、顧客接点を持つ現場にパワーが移るようになりました。

つまり、リーダーに意思決定を集中させるのではなく、メンバー一人ひとりが自律的に判断しながら臨機応変に動くことが求められてきたということです。

リーダーのマネジメントは、権限でメンバーを支配するのではなく、チームの目標に共感したメンバーから信頼される人間力によるものに変わったのです。

ワーク（仕事）・ピープル（人間関係）・コミュニティ（共同体）・ライフ（生活）の４つのエンゲージメントの点でも、リーダーがオーセンティックであることは重要です。

エンゲージメントの土台は、リーダーとメンバーとの信頼です。上司と部下の信頼は、嘘偽りのない人間性とその魅力により築かれます。

発達心理学の権威、ロバート・キーガン氏が「人は組織に入ると自分を装飾する。我々は、このもう１つの仕事（自己の装飾）に多大な注意力と時間を要している」と述べるように、自分を役割に合わせて偽ろうとする心理が働きます。

役割に自分を合わせていると、立場に対する意識が強くなり、物事の本質より社内のパワーバランスに気を取られるようになります。

立場でモノを言う人は、より上位の立場の人の権威に左右されます。

立場に合わせて飾り続けていると自分という個性が消え、自分らしさが弱まり、没個性化していきます。ビジネスパーソンは役割や立場によって装飾する自分を認識し、あえて飾らない自分を出す勇気を持たねばならないのです。

特に、新任のリーダーほど、背伸びをして「管理職としてこうあるべき」としがちなため、注意が必要です。

人は役割や立場に信頼を置くのではなく、人そのものに信頼を置きます。

「その人ならでは」の人間味こそが人を惹きつけます。

メンバーのピープルエンゲージメントは、リーダーの根源的な「人間らしさ」に接したときに高まっていくのです。

Good Leader 誰に対しても、嘘偽りのない自分で接することを心がける

自分の弱さを見せる

オーセンティック・リーダーになるには、自分の弱さを認め、それを受け入れることから始めます。知らないことは知らないとはっきりと言い、知らないことは部下からも学ぶ態度が大切です。

以前、成功したベンチャー企業の社長からお聞きした話です。

その社長は起業当時、なんでも自分がやらなければと孤軍奮闘し、メンバーにはタスクの指示ばかりの強権のリーダーでした。

その結果、半年後には大半のメンバーが退職してしまったのです。

それから間もなく、「自分ではわからない」「判断できない」と思われるのが嫌で人に頼ることができない自分の弱さが原因だと気づいたそうです。

人がいなくなり、自分ひとりでは何もできないことを思い知らされたことで、弱みを隠さずに見せることを心がけるようになったということでした。

リーダーが弱さを認めてさらけ出すことで、その弱みは隠すべき欠点から人間的魅力に変わります。

弱さを語り、「取り繕わない、本心の人だ」と人が見てくれることで信用度が上がっていきます。

とはいえ、自分の負の部分、例えば怠惰や嫉妬といったことをさらけ出すのは気が引けますが、それでも「以前はそうだった」と話すことで「この人も昔はそうだったのか」と共感を生みます。

共感も信頼関係にとても大切なことです。

Good Leader 自分の弱みは何かを自覚し、それをあえて隠さない

自分らしく行動する

オーセンティック・リーダーは、裏表や偏見を持たず、真に自分らしく行動するリーダーです。

ただし、自分の心に正直に行動するということは、何もかも思ったままに行動するのではなく、自分の弱さに向き合い、受け入れて行動することです。

私の知るビジネスパーソンの中に、プロ意識が強く、メンバーの小さなミスも逃さないリーダーがいました。

彼はメンバーがミスをしたら烈火の如く怒り出すような人で、仕事は突出してできるものの、周囲は腫れ物を触るように近寄りがたく思っていました。

実は、彼自身は瞬間湯沸かし器のような自分の性格がメンバーとの距離感を広げていることは以前からわかっていて、なんとかしたいと反省はしていたのです。

それが上長からのアドバイスで、机上に「叱る前に深呼吸」というメモを貼り付けるようにしました。その効果もあり、怒りを徐々にコントロールできるようになりました。

周囲はこの変化に驚きながらも、リーダーを好意的に見るようになりました。

「自分らしく」といっても、チームの中では周囲への気遣いが必要です。

それもリーダーであればなおさらです。


リーダーの自分らしさは、素《す》の自分をさらけ出したその姿に共感されることが大事です。

Good Leader 裏表や偏見を持たず、真に自分らしく行動する姿勢を維持する

自分の本音や感情をスルーしない

オーセンティック・リーダーを目指すには、自らの心に秘められたネガティブな本音や感情もスルーしないことです。

ネガティブな本音や感情を押し殺して、何もしないのは楽かもしれません。

しかし、それだと、「本当の自分らしさ」を隠すことになります。

自分の嫌な部分であっても本音で向き合い、その気持ちを改善するにはどうしたらよいか、自分なりの答えを出していくことです。その繰り返しが自己成長につながります。

この実践には、次の2つを意識してみることです。

1．本音を書き出す

2．責任やコストを引き受ける

1．本音を書き出す

思ったことを文章に書き出してみて、それを見たり読んだりすることは内省に有効です。

何が起き、そのときどんな感情を抱いたか――。

自らの発した言葉、遠慮して言い出せなかったことなど、そのままノートなどに書き出します。

例えば、

「○○さんが自己主張ばかりするのでついカッとなってしまったが、もっと言い分を聴くべきだったかもしれない」

「××部長の無理難題に正面から反論すべきだったかもしれない」

などと書き出し、それを見ながらそのときの正しい対処の仕方を冷静に考えることが内省です。

自分の想いを文章にして客観視することで冷静にその事実を受け止められるようになります。

文字に書き出すことは、事実を整理し、感情と距離を置くことにもなります。

特に、負の感情を文字にしてみて自問自答してみる習慣は、自分の人間像を考えるためにもぜひ実践してみてほしいと思います。

2．責任やコストを引き受ける

リーダーとして自分が正しいと信じて発する言葉や行動には、その責任やコストを引き受ける覚悟が必要です。

例えば、上司の方針に納得いかないような場合、相手が上司ということで遠慮してその気持ちをスルーすれば、「自分らしさ」を放棄したことになります。

反論することが正しいと思えばその考えを尊重し、冷静に反論することがオーセンティシティな行動です。

ただし、それには責任とコストがつきものだということを承知してください。反論する精神的な負荷、反論に対する善後策を考え実行するという負担など、意志を表した結果としての責任・コストは自分で引き受ける覚悟を持ちます。

これが、オーセンティック・リーダーの姿です。

責任やコストを引き受ける経験の積み重ねが、自信や一貫性を涵養します。

また、自らの言動に重みが増し、周囲からの信頼も高まります。

こうしてオーセンティック・リーダーとして成長していきます。

Good Leader ネガティブな本音や感情と向き合い、自分の人間像を省みる

「小さな約束」を大切にする

これまで述べてきたように、**オーセンティック・リーダーになるには「正しくありたい」とする自分を意識し、リーダーとしての人間性を育くんでいくことです。**

裏表のないその姿勢が人を惹きつけ、メンバーから信頼感が得られます。

そして、**誰に対しても公平に対応すること**です。例えば、上司のメールには即レスするのに、部下には少々遅れても良いと考え、後回しにする。

こうした人は本人は気づかずにいても、暗黙のうちに人を見比べる習慣があります。

メンバーからのメールやチャットになかなか返事を出さないリーダーの話です。

顧客対応で多忙なことが原因だったのですが、いつもそんな感じだったのでメンバーは「自分を軽く見ている」と思っていました。そのうち、組織内の手続きが滞ったり、チーム内に情報格差が起きたりなど、チーム内に歴然とした問題が起こるようになりました。

気がついてみると、チームはガタガタの状態になっていました。そして、リーダーはすっかりメンバーから信頼を失うことになりました。

オーセンティック・リーダーの基本は、誰であろうと分け隔てしないことです。

そして、メンバーが約束を守れば、きちんと謝意を伝えることが信頼の基本です。

メンバーに「この資料を明日までに仕上げて」と依頼したら、約束どおり提出されればどれほど忙しくても間を置かずに目を通し、謝意とフィードバックは当然の行為です。

逆に、仕事に限らず約束を破ることは信頼を損なうことになり、「あなたは私にとって、どうでもいい存在です」という暗黙のメッセージを送っていることと同じです。

特に、「今度一緒に食事しよう」といった小さな約束はないがしろにされがちです。しかし、小さな約束であっても、約束は約束です。意外に軽視されがちな「小さな約束」も大事にすることが人間として、そしてリーダーとしての信頼の土台になります。

Good Leader　どんな約束もきちんと守り、信頼の土台を築く

夢を語る

将来、仕事を通じて何を何し遂げたいかを明確にした自己実現のゴールを持つ人は魅力的に映ります。

社長になりたいとかではなく、大志のようなゴールです。
大志は、その人にとっての働く意味や意義にもなります。
働く意味や意義はワーク・エンゲージメントにつながります。

そしてその大志や夢をメンバーに伝えることで、彼ら彼女らの働く意味や意義を考えるきっかけにもなります。
またそれが、組織力に伝播することもあります。

幼い頃からガンダムに憧れ、いずれ自分で作ってみたいと思い、ロボット工学を学んで二足歩行ロボットの開発チームのリーダーになった人がいます。

いつか「ガンダムを作る」という熱意がチームに広がり、メンバーも自分の仕事の意義を見出し、高いモチベーションのチームになったということです。

大志をはっきりと持つには、働くことの意味や意義を日々考えることです。

まず、過去の経験を振り返りながら、「自分は何のために働くのか？」を自問自答します。

達成感のある瞬間や、顧客やメンバーや上司に喜ばれた瞬間など心が揺さぶられた場面を思い起こし、自分の働く意味・意義を探索します。

そして、そのことを友人や同僚に話してみることです。

あなたがどんなことに向いているのか、あなたのことをよく知る人の意見に耳を傾け、自分が気づいてない部分を知ることで、自分の未知の可能性が見えはじめます。

人に夢や大志を語ることは自分の棚卸しでもあり、良いフィードバックにもなります。

自分の良い点だけでなく、悪い点も指摘してくれるのは身近にいる人たちです。

そうした人たちとのコミュニケーションの輪が広がることが、あなたがオーセンティック・リーダーに成長している証しになります。

Good Leader
親しい人に自分の夢や大志を包み隠さず語ってみる

Section 7

チームのコミュニケーション
──人間関係の健全化

誰もチームから孤立させない

コミュニケーションはチームの生命線です。これからの職場は、オフィスに集まることが前提ではありません。もちろん、毎日オフィスに出社する人もいます。

しかし、職場の多くはオフィスワークとテレワークが入り交じる「ハイブリッドワーク」になっていきます。

昨今では、オフィスの自席でオンライン会議に出席する人も多く、物理的に近くにいるのにオンラインでつながるということも少なくありません。

ハイブリッドワークの職場では孤立や不安が増大しやすく、マネジメントも難しくなることがわかっています。

２０２０年3月にパーソル総合研究所がテレワーク実施企業を対象にした「テレワークにおける不安感・孤独感に関する定量調査」によると、**テレワーカーの不安は**

「職場の2～3割がテレワーカー」の状況のときが最も高い結果を示しました。

さらに、テレワークが認められていても**大多数がオフィスワークを選択している状況だと、評価やキャリアや関係性などに不安感が強まる**ことがこの調査ではわかりました。

その他のテレワーカー比率でも一定の不安感があることから、テレワークは定着するまで、潜在的な心理的負担をもたらすことを理解しておく必要があります。

—自分の知らない間に物事が決まっている。
—自分の知らないところで上司と同僚、そして同僚同士がつながりを持っている。
—仕事の機会やキャリアに悪影響を及ぼすかもしれない。

実際にはこのようなことがなくとも疑心暗鬼にとらわれ、心理的負担を感じてしまうようです。

また、ハイブリッドワークは、コミュニケーションの範囲や濃度を変化させています。

人材情報サービスを展開する米国ヒューマナイズ社が全米上位企業のＦｏｔｕｎｅ１０００を中心に１５０カ国以上、数百万人の従業員のアクティビティ（メール・チャット・オンライン会議）のデータを収集・分析した調査では興味深い結果が出ました。

人間関係を「強いつながり（＝職場の同僚など、社会的に緊密な関係性）」と「弱いつながり（＝知り合いの知り合いや顔見知りなど、社会的に薄い関係性）」に大別したとき、同調査からコロナ下でのリモートワークにより「強いつながり」が16％増加し、「弱いつながり」が21％減少していることがわかりました。

仕事で緊密な関係者同士ではコミュニケーション機会がさらに増えた一方で、ふだん接点が少ない人とのコミュニケーション機会は一層減ったということです。

実はこれは、由々しき問題でもあるのです。

スタンフォード大学で教鞭を取った社会学者マーク・グラノヴェターの研究「弱い紐帯《ちゅうたい》の強さ」によれば、親密な人同士では情報を共有していることが多いが、ただの知り合いといった関係性が弱い人からは新情報がもたらされる可能性が高いということです。

「弱いつながり」がもたらす新情報は、イノベーションや創造性に寄与する可能性を高めるということでもあります。

これをハイブリッドワーク下でのチームマネジメントの観点で捉えると、**成り行きに任せてコミュニケーションを行っていると、「弱いつながり」は減少していき、チーム内での創発は起きにくくなります。リーダーがチームのハブとなり、意図的に「弱いつながり」をつなぎ合わせることをしなければなりません。「弱いつながり」が増えていくことで、チーム内に学びや刺激が生まれてくるのです。**

メンバー全員がオフィスに集合することを前提にしない働き方では、リーダーは誰もチームから孤立させない取り組みは絶対条件です。

あわせて、「弱いつながり」をどうチームマネジメントに活かしていくかも大切な役割だと認識する必要があります。

Good Leader 「強いつながり」と「弱いつながり」のあり方を考える

情報のオープン化

メンバーを孤立させないためには、リーダーは情報共有にも注意しないといけません。

特に、テレワークが普及する現在、会議に参加できなかったので「自分だけ知らされていない」という状況にもなりがちですが、それは当事者にとって不安のタネになります。

また、情報共有が人によって偏りがあると、チーム内に猜疑心が芽生えます。

ある会社で実際にあった話です。

複数の管理職を配下におくリーダーは人の好き嫌いが顕著な人でした。そのリーダーを慕う部下にはチーム事情を詳細に知らせるものの、そうでない部下には必要最小限の情報しか開示しませんでした。必要最小限の情報共有しかしてもらえない部下の中には、そのリーダーを見限って退職する人が出てきました。

他の部下もリーダーの人間性に嫌気がさして異動を申し出るなどして組織運営がストッ

プしてしまったのです。

これは極端な例かもしれませんが、リーダーはチーム内に情報格差が起きないことに努めるべきという教訓はすべてのリーダーが理解しておかなければなりません。

では、リーダーはどこまで情報をオープンすればいいでしょうか？

チーム方針、予算、業務計画、稼働状況や評価基準、日々のスケジュールはもちろん、チームの収益状況、各種取り組みの進捗、個々人の担当業務の実績などチーム活動に関わることについて可能なものは、すべて開示することです。メンバーの手元に必要な情報が揃っていることが、健全な組織の情報共有のあり方といえます。

また、リモート会議では録画ができるので、欠席者が会議後に視聴できるようにするのも情報のオープン化に有効です。

意外と指摘されないことですが、情報共有化は人間関係の健全化の大前提です。

Good Leader　共有すべき情報はメンバーに等しく提供する

コミュニケーションの取り方

テレワークの普及により、チーム内のコミュニケーションが変わってきています。

メンバーとの対面頻度が減ることで、在宅勤務中はコミュニケーション時間がゼロということも起こる一方で、過度なチャットやメールでストレスを感じることもあります。

テレワーク中のチームでハイパフォーマーのリーダーのコミュニケーションの取り方に問題があった事例です。

メンバーから資料が送られてくると、そのリーダーはすぐにチャットで返事を出し、電話かオンラインで打ち合わせを求める人でした。

それが出社時と同じような感覚で何度もやり取りしてくるのでメンバーは辟易していたのですが、それが改善されません。結局、メンバーは会社に改善要望を再三にわたり提出しましたが、リーダーの行動は変わりませんでした。それ以外のメンバーからも同様の相談が寄せられ、そのリーダーは異動になりました。

別のリーダーでも次のようなことがありました。メンバーとの連絡はメールやチャットで行っていたのですが、その頻度が甚だしく多く、深夜や早朝だけではなく、休日にも行われていました。

リーダーは電話でなければ大丈夫と認識していましたが、メンバーの中には心理的負荷を感じる人も現れました。他のメンバーからの要請もあり、コミュニケーション方法を改めさせられました。

リーダーが良かれと思うコミュニケーションではなく、メンバーにとって過不足のないコミュニケーションとは何か、という視点が欠けるとコミュニケーション自体がストレスに変わります。

意思疎通を通して働きやすい組織にするためのコミュニケーションとは何か？

リーダーはそのあり方と、メンバーがストレスなく、そして納得感が感じられる対話ができるルールを整備しなければならないことを肝に銘じてほしいと思います。

Good Leader メンバーにストレスのかからないコミュニケーション方法を心がける

メンバー同士をつなげる

リーダーには、職場のメンバー同士を連結させるハブの役割があります。

実は、**リーダーとメンバーとの連携の密度以上に、メンバー同士の連携の密度が濃いほど、創造性や生産性が上がることがわかっています。**

ふだんからメンバー同士が雑談できているチームは情報共有や助け合いが自然に行われるのでチーム全体のパフォーマンスが上がります。

リーダーは、AさんとBさんは仲が良いけど、AさんとCさんは疎遠という場合、AさんもBさんもCさんもふだんから雑談できるようなきっかけをつくらなければなりません。

これは大袈裟に考えるのではなく、例えば定期的にランチに一緒に行ってプライベートな会話の場をつくるとか、Aさんはマーケティングに強いがITに弱いとあれば、ITに強いCさんとチームを組ませるなど、それぞれの得意不得意を結びつけるようなところから始めるので構いません。

要は、公私共にお互いを知るきっかけをつくるということです。

このことに関して、ユニークな調査データがあります。

ギャラップ社が全世界1300万人のビジネスパーソンを対象に行った「エンゲージメント・サーベイ」の調査項目にQ12（キューートゥエルブ）という12の質問があります。

参考：Q12

Q01　職場で自分が何を期待されているのかを知っている

Q02　仕事をうまく行うために必要な材料や道具を与えられている

Q03　職場で最も得意なことをする機会が毎日与えられている

Q04　この7日間のうちに、よい仕事をしたと認められたり、褒められたりした

Q05　上司または職場の誰かが、自分をひとりの人間として気にかけてくれるようだ

Q06　職場の誰かが自分の成長を促してくれる

Q07　職場で自分の意見が尊重されるようだ

Q08 会社の使命や目的が、自分の仕事は重要だと感じさせてくれる
Q09 職場の同僚が真剣に質の高い仕事をしようとしている
Q10 職場に親友がいる
Q11 この6カ月のうちに、職場の誰かが自分の進歩について話してくれた
Q12 この1年のうちに、仕事について学び、成長する機会があった

Q10の質問の「職場に親友がいる」に「イエス」と答えた人は、そうではない人と比べて仕事に対する愛着が強いという結果が出ています。

職場内に「フラットな友達関係」が増えれば、チームのコミュニケーション量が増え、健全化していきます。

こうした職場づくりに積極的に関わるのが、昔も今もリーダーの仕事です。

あるエンゲージメントの高い職場のリーダーが興味深いことを教えてくれました。

そのリーダーはCOO（チーフお節介オフィサー）と自称し、職場内の「お節介」に取り組むことを仕事として重視していました。

「何か困ってない？」を口癖にしていて、困ったメンバーがいればすぐに助言します。その人では解決できないことがあれば、「〇〇さんに助けてもらうといいよ。ちょっとチャットしてみるね」と適切な人を紹介します。紹介された人もそのリーダーの「お節介」に助けられた人で、そのリーダーを中心に「お節介」の人の輪が広がっていきました。

心理的安全性が高い職場には、「助け合い」が自然と起こります。

そうした職場風土にするには誰かがハブとなり、メンバー同士をつなげていくことです。仮にメンバー間の意思疎通がうまくいってないと感じたら、リーダー自身がCOOを自認して行動してみるのもいいかもしれません。

Good Leader メンバー同士が自然に会話できる雰囲気づくりを心がける

Section 8

リアルの再認識
——メンバー間の空気感

リアルの価値を再考する

リモートワークの普及により、働き方に柔軟な選択肢が生まれ、利便性が圧倒的に高まりました。

しかし、私たちが理解しなければならないのは、リモートワークはリアルを完全に代替し得るものではないということです。

ヒトの情報処理は目と耳だけではなく、五感をフルに活用しながら行っています。

リアルなコミュニケーションは、相手の表情や仕草、緊張度合いなどの感情をダイレクトに感じることができます。

一方、リモートワークは画面を隔てた情報伝達であり、視聴覚情報以外は伝えてくれません。

そこには漠然とした距離感があり、「空気感」が感じにくいといえます。

２００９年公開の米国映画『マイレージ、マイライフ（Up in the Air）』に興味深い描写があります。

ジョージ・クルーニー演じる主人公のライアン・ビンガムは人事コンサルティング会社で働く解雇通告のプロです。雇用主に代わってレイオフを伝えるために、米国中を旅客機で飛び回っていました。

しかし、会社方針により、解雇通告はテレビ電話で行うようになりました。ライアンは、本人の人生がかかった面談であり、あくまでも対面で行うべきだと主張しますが聞き入れられず、仕方なしにテレビ電話で代替します。

実際に行ってみると、ほとんどの面談はテレビ電話で問題ありませんでした。ところがある日、事件が起きます。テレビ電話でのオンライン面談で解雇通知を受けた女性が自死を選んでしまったのです。

オンライン面談では、無表情な相手の心情の深い部分までは正確に理解しきれなかったのです。

この映画は、コロナ下にある現代のコミュニケーションに重なるところが多いことに驚かされます。必要な情報を伝達する点では、オンラインはリアルをある程度まで代替します。

しかし、リアルなコミュニケーションでは、言葉以外の部分が補完することが多分にあります。身振りや手振り、感情などです。

その場のニュアンスや空気感は、リアルならではのものです。

オンラインでは情報伝達は十分でも、気分や真意の理解はリアルなコミュニケーションには及びません。

画面を隔てることで人としての温かみを感じにくく、受け手に冷たいと感じさせてしまうことすらあります。

このわずかな差異が生じてしまうことを、メンバーとのリモートワークを実施するうえで理解しなければなりません。

例えば、評価のフィードバックは注意を要するコミュニケーションです。

ある職場のリーダーは、オンラインで淡々と評価のフィードバックをメンバーに行っていたところ、メンバーに違和感、さらには不信感がつのることになりました。

評価とは本来、評価者が「個々人の成果・実績やその背景を理解・把握している」ことだけでなく、「ふだんの仕事をきちんと見てくれている」という関係性があってはじめて、建設的な対話が成り立ちます。

テレワークが増え、「必ずしも見てくれない」と受け手が抱くと不信感は生じやすくなります。


評価面談は、通常のコミュニケーション以上に受け手が身構える場面です。

先の例では、リーダーがオンラインで評価結果を伝えたところ、メンバーからは評価に対する不満が噴出しました。

受け手側にその理由を聞いてみると、以前はリーダーから評価結果が伝えられたのちに評価について雑談に近いやり取りがあったのですが、オンラインになってからは面談時間では一方的に評価結果が伝えられ、雑談のようなものはほとんどなく、温かみのないフィードバックになっていたそうです。

なかには、リーダーに対してちょっとした敵意を抱いた人もいたようです。

最近では、このような問題を耳にする機会が増えてきました。

オンラインは便利ですが、リアルを完全に代替するものではありません。

リーダーが、オンラインは効率的だとしてリアルの機会を軽視していると、いつの間にかメンバーの心が離れてしまうことが起きかねません。

リーダーは、オンラインの便利さだけに目を向けるのではなく、代替できない部分もきちんと理解したうえで、人間同士の空気感のあるコミュニケーションを考える必要があります。

これはリーダーとメンバーとのことだけではなく、メンバー間のコミュニケーションも同様です。

Good Leader 評価面談はオンラインでも「リアルの空気感」に留意する

「アハ体験」が起きる環境をつくる

リアルなコミュニケーションは意思疎通に誤解を生まないためにとても大切ですが、ハイブリッドワークが定着しつつあるなかで何でもかんでもリアルで対応しようとすれば、メンバーから不満が寄せられかねないことにも留意すべきでしょう。

「リアルの使いどころ」をきちんと理解しておくことも、チームマネジメント上重要だということです。

そのことを考えるヒントに**「アハ体験」**があります。

「アハ体験」はドイツの心理学者カール・ビューラーによって提唱されたものです。未知なものごとの知覚を通して、今まで全く理解できなかったことや思いつかなかったことがひらめく瞬間のことを指します。

英語では「あぁ、そうか！」と気づいたときに「アハ！（a-ha!）」と思わず発することから、アハ体験と呼ばれます。

ニュートンが、リンゴが木から落ちるのを見て万有引力の法則を発見した逸話もアハ体験の1つとされています。

脳科学者の茂木健一郎氏によると、アハ体験によって脳の神経細胞が活性化し、一度気づけば、もう二度と忘れることができない「一発学習」が引き起こされるそうです。

あなたも物事の捉え方が大きく変わる瞬間を体験したことがありませんか？


―今まで頭を悩ませていた課題がディスカッションをしているうちに、急に霧が晴れるように解決策が見えた。

―長らく精彩を欠いたメンバーが本音を打ち明けてくれたそのとき、その原因が一気に腑に落ちた。

―自分の仕事の成果が世の中の役に立つことを知った瞬間、使命感に目覚めた。


このような体験は、誰しも一度や二度はあるのではないでしょうか？

目が見開かれたような感動は長くその人に残ります。

この感動体験が、仕事（ワーク）や人間関係（ピープル）、共同体（コミュニティ）に対するエンゲージメントを高めていくのです。

アハ体験はほとんどの場合、リアルな体験から得られるものです。

私がある企業で「自分が充実した瞬間／大きく意識が変わった瞬間」についてリサーチを行ったとき、ほぼ全員が次のようなリアルの体験をあげました。

―顧客先に実際に訪問して、心が揺さぶられる嬉しい言葉をかけられた。

―上司・同僚と本気でぶつかった。

―工場や店舗を訪れて、現場の苦労が偲《しの》ばれる話を聞いた。

自分の目で直接見て何かを感じ取ることが、多くの人にとってのアハ体験につながっていたのです。

あなたも「自分が充実した瞬間／大きく意識が変わった瞬間」について思い起こしてみてください。

オンライン会議の瞬間を思い出すことはあまりないのではないでしょうか？

—現場で実際に感じた緊張感や充実感のあるやり取り。

—プロジェクトをやりきった後での仲間たちとの打ち上げ。

—自分の仕事が目の前で完遂する瞬間。

こういうリアルな体験を思い出す人が多いのではないでしょうか？

五感を総動員するリアルな体験こそが人の心を震わせ、充実感をもたらすのです。

これと関連して、日本企業で働く人たちの多くが抱く「仕事がツマラナイ」と思う気分は、リアルな体験の欠乏が大きく関わっているように思います。

コロナ下で入社した人の中にはやや自嘲気味に「会社の人にほとんど会ったことがな

い」と言う人もいます。

出社はしているものの出張や顧客訪問はなく、自席でオンライン会議に出ているというのがコロナピーク時の職場の風景でした。

会社や仕事に没頭できるのは、そこに人間関係などのリアル感があるからです。

―上司から叱られてへこんでいたところに同僚の飲みの誘いがあった。

―見返してやろうと頑張るプロセスで成長実感を覚えた。

―同僚や後輩と毎日顔を合わせ、何気ない雑談に気持ちが和む。

起伏のある人間関係があるからこそ、様々な刺激を受け、充実感を覚えるのです。

Good Leader 感動を覚える「アハ体験」をリアルな体験からつくり出す

「リアルの経験」による成長支援策

学習時間が長いほど習熟度のスピードが上がるその関係性を①準備期、②発展期、③高原期の3段階で示した「学習曲線」という理論があります。19世紀末にドイツの心理学者ヘルマン・エビングハウスが提唱しました。

この理論は人の成長にも応用できるとして、筆者はしばしば能力開発の場で①準備期を「模索期」、②発展期を「伸長期」、③高原期はそのまま「高原期」と解釈して活用しています。

人の成長において、この3段階はそれぞれに効果的な働きかけがあります。

①模索期

模索期は、仕事の型を身につけるインプット中心の時期です。

業務内容と仕事のやり方、組織のルールや暗黙知などを覚え、トライ&エラーを繰り返しながら、基本の型を身につけます。

リーダーはＯＪＴなど「リアルな指導」を中心に、研修や自主学習を組み込むなどして実務の習得を支援します。

特に、新たに入社した人の場合、早く組織に馴染んでもらい、持てるパフォーマンスを発揮できるようにするための育成支援プロセス「**オンボーディング**」を検討してもよいでしょう。

オンボーディングはＯＪＴとともにチーム内での新人育成プログラムの一種ですが、ＯＪＴが即戦力としてのスキル開発支援策に対し、オンボードはスキル開発よりも組織に馴染むことを重視する支援策です。

そのため、入社してから一貫して、「あなたと一緒に働けることをメンバー一同歓迎している」というコミュニケーションを取ることです。

メンバー同士の雑談や上司との１ｏｎ１などリアルな体験を極力設けながらも、場合によってはオンラインでのやり取りもＯＫです。

「一緒にチームという船に乗ろうよ」という意味合いのオンボードは仲間意識を醸成する取り組みであるので、エンゲージメント効果が高いとされます。

米ギャラップ社の調査によれば、管理者が積極的にオンボーディングに関与することで「オンボーディング体験はすばらしかった」と回答する新人の割合が約3倍になるそうです。この結果が示すように、リーダーがイニシアティブをとってオンボーディングを実施することはとても有効です。

また、模索期に必要なのは、ティーチングです。

●どのような業務プロセスになっているか

●ツールをどのように使うか、社内の承認や情報共有はどのように行うか

組織内で業務を進めるうえで必要な知識・ルールを上司・先輩社員・同僚から教えられ、インプットを増やしていくことが重要になります。

②**伸長期**

伸長期のメンバーにはティーチングよりもコーチングを重視し、本人の学びのスタイルやペースを尊重しながら育成支援を行います。

自主性を重んじながら改善や助言などの支援を適宜適切に行いますが、メンバーの行動をよく観察しなければ適切な支援ができません。

ただ、あくまでも育成支援からの観察であり、監視にならないよう注意することです。コーチング的な指導ですので、ここでもリーダーは１ｏｎ１など対面の面談を重視し、メンバーの能力開発や今後のキャリア支援になるよう、計画的に育成支援策を実施していきます。

③**高原期**

高原期のメンバーにはひと工夫が必要になります。

高原期は一定レベルの能力を備えた人が一時的に高止まりしている状態です。この状態がしばらく続くと意欲低下を引き起こし、成長がストップすることにもなりかねません。

ここでもその壁を自主的に乗り越えることが最善ですが、その手助けは必要であり、ここでもリーダーがコーチングを行って支援します。
その際、例えば次の2つの方法が考えられます。

1つは、挑戦的な課題です。

高原期にある場合、マンネリや現状維持の状態であることが多く、そこを抜け出すためにはストレッチ感のある課題に挑戦することが有効です。

本書でも「適所適材のアサインメント」のジョブ・クラフティングで触れましたが、達成が約束されているような仕事を続けていると成長は止まります。

そのまま、今の仕事を続けていると、本人自身が気づいていないところでキャリアの足踏みが起きてしまいかねません。

メンバーに挑戦的な課題を与えることはリーダーの責務です。現在のスキルでは難しくても、スキル開発に取り組んだり、他者の協力を仰いだりして、難しい課題をクリアしていくことは、本人の成長と自信につながります。

高原期を抜けるためには、リーダーが次のステージへ挑戦するよう働きかけていかねばならないのです。

もう1つは、新たな刺激です。

ロールモデルとなるハイパフォーマーとの協働でその人の仕事の流儀を直接知る機会をつくる、培ったスキルをシェアするための臨時社内講師になるといったことのほか、最近では短期間異業種で働く経験をする越境学習という手段もあります。

慣れ親しんだ職場から出てみて刺激を受けることで、新たな「気づき」が得られたりもします。

あるメーカーでは中堅の設計者に1カ月の店舗研修を行っています。設計現場からいったん離れ、取引先の量販店や店舗で接客業務を行うというものです。

これにより、自身が設計した製品が顧客からどのような評価を受けているか、競合品とどのような差異があるかを知り、復帰後に新たな視点と強い意欲で設計に取り組む設計者が多く出てくるそうです。これも「リアルの経験」の1つです。

Good Leader　メンバーの成長ステージをよく理解したうえで育成支援をする

「リアルの経験」でチームの融和を図る

チームの融和は、最も効果的なチームアクティビティの1つです。

リーダーは、チームのすべての活動を自身で直接、指揮・指導していくことはできません。そこには時間的・物理的な限界が必ずあります。

メンバー同士がお互いに声を掛け合い、協力し合う関係性をつくることが、チームを機能させる最善の方法です。

グループとチームは異なります。グループは単なる集団です。

チームをチームたらしめるのは、「共通の目的」です。チーム全体が共通の目的を持ち、そのためにお互いに連携・協力しながら前進していきます。

コミュニティエンゲージメントが生まれるのは、自身の所属する組織が単なるグループではなく、チームであるときです。

- **メンバーと一緒に協力し合い、目標や課題を達成する。**
- **そのプロセスでチームにおける一体感が生まれる。**
- **リーダー自身もチームの一員として、メンバーたちと一緒につながっている。**

こうした感覚を持てる組織こそが安心できる職場風土をつくるのであり、その職場風土の土台となる「リアルの経験」がチームの融和を一層強固にするカギです。

自然が豊かな郊外のセミナーハウスなどでチームのゴールや目的、課題や行動計画についてざっくばらんに話し合うような「リアルの経験」のチームイベントは、メンバーのチームへの参画意識を高めるのに有効です。

必ずしもチーム活動に直結することでなくとも、共通の目的のために協力しあう体験はチームの距離を縮めます。この体験の積み重ねが、チームビルディングです。

ある企業では、チーム全員が協力して街をつくるという課題を与え、レゴブロックを使って議論をしながらチームビルディングを行っています。

―どのようなコンセプトの街にするか？

―どのような機能を街に持たせるか？

―どのようなレイアウトにするか？


こうしたことを話し合いながら、2日ほどかけて街をつくります。

チーム内では社内の階層は関係なくフラットにすることで、ふだんは知ることのないお互いの考えや価値観、こだわりなどについての理解が大いに進むそうです。


また、別の企業では長期の開発プロジェクトチーム内で「本音を語る会」を開き、チームの融和を図っています。

「言いにくいことを正直に話す」ことをルールにして、メンバー一人ひとりが、顧客との関わり方、情報共有のあり方、チーム内での役割分担など、ネガティブなことについてもすべて本音で語ります。

実際にそのプロセスでは雰囲気が悪くなることもあるそうですが、チームのために本音を話すことがルールとして徹底されているため、禍根を残すことなく、チームの融和と生産性の向上が図られているそうです。

リモートワークの導入で業務が効率化され、その恩恵を多大に享受されている人も多いと思います。

その反面、「経験」の効用が少しずつ忘れ去られてきているように感じます。

仕事というものはほとんどの場合、1人では完了できません。誰かの協力や支援があってはじめて成果が出せるのです。

「仕事は1人では完了できない」ことを肝に銘じ、あらためてチームで仕事の意味を考え、その答えをメンバーで共有することで「リアルの経験」の大切さが心の底から理解できるようになるのではないでしょうか。

Good Leader　メンバー同士が実際に集まって「リアル」に協働する場をつくる

Section 9

変化やテクノロジーへの柔軟性

――変化はチャンス

変化はスルーせず受け止める

現代はＶＵＣＡ（Volatility：不安定さ、Uncertainty：不確実さ、Complexity：複雑さ、Ambiguity：曖昧さ）という言葉で表されるように、私たちを取り巻く環境が複雑性を増し、将来の予測が困難な時代です。

例えば、コロナ禍によってオンライン技術が一気に広がり、今までにない新しいサービスが数多く出てきました。

ロシアのウクライナ侵攻ではグローバル調達・供給網が乱れ、世界的なインフレが起こりました。

米中をはじめとする国家間の対立の緊張でも同様の課題が拡大しています。

世の中はこれまで経験したことのないスピードで変化を続けており、私たちはその環境変化から逃れることはできません。

昨今では、中期経営計画をやめる日本企業も増えてきています。先行きが不透明な環境下で3年先の計画を精緻に立ててみても、実行していくこと自体に無理があると考える企業が増えてきたというわけです。

計画を立てることそのものが目的化してしまい、計画に振り回されてしまうケースも珍しくありません。

計画を立てること自体を否定するわけではありませんが、計画の前提が大きく変わり得る環境でもあり、変化対応と実行の重要性が増していることを押さえておく必要があるでしょう。

そして大事なことは、変化は必ず起こる以上、恐れるのではなく「変化はチャンス」とポジティブに受け止めることです。

Good Leader 変化を予見し、いち早くチャンスのタネを蒔く

創意工夫で職場に活気をもたらす

創造性は、職場に新たな刺激をもたらします。

毎日、同じ仕事を繰り返していくだけだと職場の成長は止まり、停滞していきます。

仕事をマンネリ化させないためには、業務を創意工夫して改善していくことです。

その創意工夫とは例えば、報告書を1枚様式のフォームにする、会議の参加出欠をアプリで共有できるようにする、といった小さな改善でもよく、業務改善をメンバー共通の活動目標にすることで職場は活性化します。

仕事に創造性を加えて楽しむことはワークエンゲージメントを高めます。

いざというときにすぐに変化対応できるチームには、創造性豊かなメンバーが多いという特徴があります。

アイデア出しの習慣が弱いとメンバーは変化に対して鈍感になったり、臆病になったりしていきます。

この状態を放置していると、変化せざるを得ない状況下でも誰も行動を起こそうとしません。変化しなければならないときに何もしないチームはリスクでしかありません。

リーダーが変化することを当然と捉えて創造性豊かなチームにすることは、環境変化に対する最大のリスクヘッジになります。

そうしたチームづくりには、リーダーは次の3点を意識した行動を心がけます。

1. なんでも試してみる
2. 挑戦を後押しする
3. 失敗に寛容になる

Good Leader 環境変化に柔軟性のある、創造性豊かなチームの姿を思い描く

創造性開発のコツ1
なんでも試してみる

これからのリーダーは新しいことをポジティブに受け止め、まずはなんでも試してみるという、「まず隗《かい》より始めよ」の心構えを持ちましょう。

―ブロックチェーンなどの先端技術に関心を持つ。
―ＣｈａｔＧＰＴといった新たなプロダクトやサービスを試しに使ってみる。
―積極的に外に出て、新たな知識やノウハウを仕入れてくる。

リーダーがこうした姿勢でいると、メンバーは「自分も何かをしなくちゃ！」と刺激を受けます。それがチームの創造性の源泉になります。

ある企業の研究開発リーダーは、競合が新製品を出すとすぐに入手して研究材料にしているのですが、その姿勢はチーム内に伝播し、革新的な製品を他よりも多く生み出すチームになっているそうです。

これが次のような保守一辺倒で従来のやり方にこだわるリーダーだと、メンバーの創意工夫の意欲が喚起されにくくなります。

―これまでのやり方や手順に頑なにこだわる。
―新しい手法やアイデアになぜか否定的。
―経験の浅い人の意見を軽くあしらう。

経営者が「社員から革新的なアイデアが出てこない」と不満を漏らすことがありますが、経営者その人が保守的だとイノベーションは生まれません。

自由な発想を促すために、チーム全体に新しいことを面白がる雰囲気づくりがとても重要です。そのためにはリーダーが「まず隗より始めよ」です。

Good Leader 「まずは隗より始めよ」を心がけて、リーダーから動き出す

創造性開発のコツ2
挑戦を後押しする

アイデアは「出す」ことよりも、「育てる」ことのほうが難しいものです。

経済学者の真壁昭夫氏の著書に『若者、バカ者、よそ者 イノベーションは彼らから始まる！』（ＰＨＰ新書）があります。本のタイトルの真意は、組織の常識に染まっていない人は枠にはまらない発想ができ、それがイノベーションを生む、ということです。

新奇性のあるアイデアを出すと「そんなことウチの会社ではできるわけがない」「今までもやってきてダメだった」と却下されてしまう組織では、従来の常識にまみれたベテランや重鎮の権限が大きく、それがユニークなアイデア出しの弊害になります。

イノベーションには、そのアイデアを育てる支援者の存在が重要です。

そのアイデアの可能性を肯定してリソースを獲得し、挑戦の後押しをする「支援者」がいることでイノベーションの実現につながります。

つまりイノベーションを実現するには、若者・バカ者・よそ者と、新奇性のあるアイデアを育てる大物《おおもの》が必要だということです。

ＤＭＭグループの創業者、亀山敬司氏は、「亀チョク」と呼ばれる亀山氏直属の新規事業立ち上げ部隊を持ち、「ＤＭＭ英会話」や大ヒットゲーム「艦隊これくしょん―艦これ―」など革新的な新規事業をいくつも成功させてきました。

「艦これ」は軍艦を女性キャラクターに擬人化した「艦娘《かんむす》」をゲーム中で集め強化しながら敵と戦闘し、勝利を目指すゲームです。亀山氏は最初にこの企画を聞いたとき、ゲームの内容や面白さが理解できず、ヒットするかどうかが全くわからなかったそうです。

しかしながら「わからないからダメ」ではなく、「わからないけどやってみろ」と開発者たちの熱情を後押しする役割を貫徹して大ヒットにつなげました。

ＶＵＣＡの時代ではリーダーは、メンバーのイノベーションの芽を摘むことはないかに注意深くなることが重要であり、良いアイデアの支援者としての役割を果たします。

Good Leader　メンバーがユニークなアイデアを出したら、喜んで支援する

創造性開発のコツ3
失敗に寛容になる

挑戦には失敗がつきものです。特に、創造的な取り組みの場合はなおさらです。しかし、リーダーが10戦10勝を求めれば、メンバーは評価を気にするあまり、確実にできることを選んで挑戦しなくなります。

「失敗してもいいから挑戦してみよう」「失敗は成功のもと」と、リーダーが失敗に寛容であることはメンバーの挑戦意欲を引き出します。

ファーストリテイリングの柳井正氏は「数えきれないほど失敗している」を口癖にするほど失敗を経営の糧にしています。

傘下のアパレルブランドGUを大きく育てた柚木治氏がかつて生鮮野菜の生産・販売の新規事業を提案して社内から猛反対されるなか、柳井氏だけは「やってみなさい」と後押しました。

それで事業化したものの、わずか1年半で26億円の赤字の末に撤退となりました。柚木氏は責任を取って退職を願い出ましたが、柳井氏は次のように言って慰留しました。

「26億の損をした勉強をして、それで辞めるとはどういうことでしょう？　まずはお金を返してください。（そのためには会社をやめてはなりません）」

死ぬほど落ち込んでいた柚木氏はこの言葉に柳井氏の温情を感じ、それまでの自信家の自分を深く内省しました。

その後、事業を失敗させてしまった責任を重く受け止めながら、柳井氏からのアパレル子会社ＧＵの社長の申し出を熟慮したうえで受諾しました。

それからは次々と革新的なアイデアを出し、不調だった事業を大きく再生させました。

（出所：https://www.hit-u.ac.jp/hq-mag/pick_up/311_20180530/）

失敗を減点にするマネジメントでは挑戦の意欲をくじきます。

●失敗は減点しない。
●成功はしっかりと加点する。

挑戦することへのこの意志をリーダーは鮮明にし、ことあるごとに口に出して言うことでチーム内に挑戦する風土を築いていきます。

失敗は寛容に受け止め、その失敗をどう次に活かすかをメンバーと一緒になって考えるリーダー。

そんなリーダー像を目指して欲しいものです。

Good Leader 挑戦する人の失敗は減点せず、むしろ挑戦に対して加点する

ラーニング・アジリティを チームの文化にする

これからのチームが目指したい組織文化は「ラーニング・アジリティ」です。

アジリティ（agility）とは「機敏さ」「素早さ」の意であり、**ラーニング・アジリティとは「新しいことを次から次へと素早く学び、いち早く仕事に適用し、さらに学びを加速させる力」のこと**です。

変化の早いＶＵＣＡの時代は、次から次へと新たな技術・スキルが求められます。苦労して身につけた技術・スキルが今後も通じるとは限らず、学び続けることはこれからのビジネスパーソンは必須事項です。

そこでメンバーの成長のためにリーダーは、チーム内のラーニング・アジリティを高める取り組みを仕掛けていかねばなりません。
その要点は主に次の４点です。

1．好奇心：興味・関心を刺激する
2．アウトプット志向：学びをアウトプットする
3．学び合い：メンバー同士が学び合う
4．学習棄却：古くなった知識・経験を捨てる

Good Leader チーム全体の成長のために、ラーニング・アジリティを推進する

学びのコツ1
好奇心：興味・関心を刺激する

好奇心は学びの原動力です。

「試してみたら面白いことが起こるかも！」という強い好奇心が様々な物事に興味関心を寄せ、それが新たな着想となり、新しいことに喜んで取り組む力になります。


ただ、好奇心は本人の内発的なものであるため、外部からコントロールすることは困難です。興味関心の心を本人が自発的に喚起しなければなりません。

好奇心は「面白そう！」と思うことが起点のため、対話の中で相手が関心を持つことを引き合いに出して、仕事の中でその興味関心事がどのように使えるか、そしてそれがその人の成長にどのような良い結果をもたらすかについて話し合うことです。

好奇心を引き出すには個々のメンバーの興味関心事を把握して、触発を生むきっかけをつくることです。関心のあるテーマのセミナーや展示会の情報提供でもいいですし、人を紹介するのもいいでしょう。

あるベンチャー企業の経営者はご自身の人脈を使って、プロのスポーツ選手、書道家、デザイナー、経営者などを講師に立てた社内セミナーを定期的に開催しています。

社員の仕事に直結する内容とは限りませんが、「その道のプロ」の話を聞くことで感銘を受けたり、仕事への気づき、人に対する興味関心など日常の仕事からは得られない多くのことが学べると社員に好評です。

外部の人の話を聞くことは、知的好奇心を刺激するには有効な方法の1つです。

知的好奇心が刺激されることで、「もっといろいろな人の話を聞きたい」「もっといろいろなことを知りたい」という思いが強化されます。

この思いが学びのきっかけになり、そして成長の源泉になっていきます。

Good Leader　メンバーの好奇心の源泉を知り、挑戦意欲を刺激する

学びのコツ2
アウトプット志向：学びをアウトプットする

好奇心を持つことはインプットを増やすきっかけになり、インプットしたことをアウトプットすることで「実践的な学び」になります。

例えば、英語学習では単語や文法を覚えるだけでは使いこなせるようにはならず、外国人との会話やメールのやり取りといった実践の場でアウトプットを続けることで英語力は定着していきます。

ビジネスでも同様に、新しい知識やノウハウを手に入れたら、それを仕事で使ってアウトプットしてみることです。

例えば、仕事に関連する理論やフレームワークを知ったなら、仕事の中ですぐに応用する。最新のトレンドや事例を学んだら、得たことを顧客や同僚と共有する。

アウトプットすることとは、知識を実践的なノウハウに変えることです。この積み重ね

がスキルの向上になっていきます。

前項同様、リーダーはメンバーがアウトプットする場を意識的につくります。

- **顧客先でのプレゼンをメンバーを主体にする。**
- **修得したばかりの資格やスキルが活かせる業務に就かせる。**
- **チーム内の勉強会の講師に立てる。**

こうして学びの強化を支援していきます。

メンバーにアウトプットする場を提供するのは本人の成長のためですが、それがチーム内の学習機運が醸成されて、チーム力が向上していきます。

Good Leader メンバーの実践力向上のためにアウトプットの場を意識的につくる

学びのコツ3
学び合い：メンバー同士が学び合う

学びを継続するには、環境も大事です。

心理学者ケリー・マクゴニガル氏は著書『スタンフォードの自分を変える教室』（神崎朗子訳、大和書房）の中で、次のエピソードを添えて「意志力は伝染する」と述べています。

米国空軍士官学校で高校を卒業したばかりの1人の士官候補生が持ち込んだ不健康な生活習慣が感染症のように仲間に伝播し、候補生たちの健康状態が悪化していった事例です。

これは良くない例ですが、実際にずさんな職場で怠惰な同僚に囲まれていると、本人は悪しき慣習に慣れてしまうことはよくあることです。

逆に、規律正しく、背筋が伸びるような職場では、本人に「しっかりしなければ」という意志が目覚めることになります。

私たちの意識や行動は、他者の意識・行動から少なからず影響を受けます。

逆に言えば、自分の意識・行動は他者に影響するということです。

一人ひとりの行動が周囲に何らかの影響を与えるのですから、チーム内で学び合う風土が醸成できていれば指数関数的に学ぶ姿勢は増大していきます。

まずは、自分の成長のためには学びを怠らないことだとリーダーはメンバーに説き続けてほしいと思います。

リーダー自身も学び続けて、その姿勢をメンバーに感化することも大事です。

エクセレントカンパニーと言われるような企業では、研修や自己啓発で研鑽し続けることがリーダーの成長の条件とされていたりします。

会社主催の研修には業務を調整して参加し、知識やスキルの獲得と人脈開拓に余念がありません。外部研修の受講やメンターの依頼を自費で行ったりもします。

市場価値を高めるという目的はありますが、学びが自己成長になっていること自体を楽しんでいる人が大半です。

そして、こうしたリーダーがいるチームは学びが伝染し、チームが成長していきます。

Good Leader チーム内に学びの雰囲気をつくり、学び合いを広げる

学びのコツ4
学習棄却：古くなった知識・経験を捨てる

新しいことを学ぶ一方で、時代にそぐわない知識や経験を捨て去る潔さも必要です。そのうえで、これから使える知識やスキルを学び、新たな型やスタイルをつくり直します。この行為は「**学習棄却**（アンラーニング）」といわれます。

筆者は組織・人事コンサルタントとして、様々な組織変革に参画しています。その際に、経験豊富なベテランがブレーキになっている場面に遭遇することもあります。

例えば、業務プロセスやシステムの変更により、オペレーションを大きく変えるとき、経験豊富な人ほどそれらの変更を不安視します。

それがしばしば、大きな抵抗勢力になることもあります。自分の存在価値自体がなくなる恐れがあるからです。

こうした場合、「なぜ、変えなければならないか」を丁寧に話し合うのが定石です。その取り組みの意味・意義を説いたうえで、学習棄却と学び直しの必要性とそのメリットが当事者全体の利益になることがわかるように伝えます。

これから世の中が変化し続けていくことを前提とすると、スキルのアップデートは必須です。ただ、アップデートしたスキルはいずれ陳腐化するかもしれません。となると、「学習棄却」も適宜行っていくことになります。

人生100年時代が現実味を帯びた現在、良いビジネスキャリアを築いていくためには、「学習棄却（アンラーニング）」と「学び直し（リスキリング）」をセットでリニューアルしていくことです。

Good Leader 「学習棄却」を念頭に、スキルのアップデートを心がける

デジタルスキルを学ぶ

これからは、デジタルスキルの重要性が一層高まっていくのは必然です。

ロンドンに拠点を置くHRテック企業ビーマリー社のChatGPTを活用したプロダクト「TalentGPT」は、AIが採用のために必要なスキルや経験を明らかにして職務記述書を作成します。

また、ポジションに適切な報酬制度やインセンティブを提案したり、現職者のスキルを把握して個人ベースのコーチングやリーダーシップ開発に対応したりするほか、人事部や現場マネジャーの業務の一部を代行します。

これは一例に過ぎませんが、今後、あらゆる分野でテクノロジーの活用が進み、これまでの業務プロセスを大きく変えていきます。

テクノロジーがもたらす変化が不可逆であるなか、業界や競合の動向を追いかけてデジタルの可能性を模索することは必須であり、付加価値や生産性での遅れが生じないためのデジタル投資が必要です。

ある商社では、業務がテクノロジー中心になることに備えて、全社員対象のＤＸ研修を行っています。同社では、まずは全社員のリテラシー向上がデジタル社会で生き残るには重要と判断したのです。

また、ある企業では、社員が自主的にＡＩを活用して業務用アプリを開発するために、教育投資や現場指導をしています。

一つひとつのコードは書けなくても、ＡＩによる自動アプリ開発ツールを使って自分たち専用の業務アプリをつくり出しているのです。

例えば、目視による工場内の部材を数える業務を画像認識処理できるアプリ、スマホで顧客情報がリアルタイムで共有・蓄積できるアプリなど、この会社では年間数百ものアプリが社員によって開発され、業務効率化を進めています。

デジタルスキルを学ぶには、まずはインプットを増やすことです。セミナーや書籍、動画やイベントなどを通してインプットしていき、その情報をもとに職場内での議論や試用を行い、テクノロジーを身近に引き寄せます。その繰り返しが、活きたデジタルスキルになっていくのです。

こうした背景から、これからのリーダーはチームメンバーが当然のようにデジタルスキルを使いこなせるような職場環境をつくることが求められていきます。

Good Leader　デジタルスキルの身につけ方をメンバーと話し合ってみる

Section 10

ビジョナリーな影響力
――ビジョンとパーパスの言語化

ビジョンやパーパスで求心力を高める

働きやすい職場には、その職場の核となる理想や価値観への共感があります。人が働く動機は「生活の糧の獲得」や「仕事をする喜び」のほかに、「働くことの意味や意義」が大きな要素を占めます。

一人ひとりの貢献は小さくとも、チームや会社として社会のためになっているという実感はメンバーの働く動機を大きく喚起します。

会社やチームは、メンバーの所属欲求に働きかけ、求心力を高めていかなければなりません。所属欲求とは、「ここに居たい」「ここで働きたい」という欲求であり、組織へのロイヤリティの源泉です。

同じ所属欲求を持つ人同士は、連帯感や一体感が生まれやすくなります。共通の目的に向かって協力し合う同士のような関係性になるからです。

その求心力の核になるのは、会社の方向性・価値観・活動内容等に関する共感です。

会社とは、1人ではできないことを成し遂げるための船のようなものです。

人と人とが協力し合い、1人ではできないことを成し遂げていく。その価値が見出せたとき、人は組織に意義を感じ、自分の仕事にやる気を感じます。その価値を言語化したものが「ビジョン」と「パーパス」です。

- 何を目指すか（ビジョン）
- 何のために存在するか（パーパス）

この違いはありますが、組織が大事にする方向感を示すことは一緒です。

一方で、会社の目指すべき方向感が不明瞭であったり、メンバー自身の目指す方向感と異なるようだったりすると組織から求心力は損なわれます。

立派なビジョンやパーパスが掲げられていても、その組織が重視していることにメンバーが共感しなければ、同様に組織から求心力は損なわれていきます。


ある企業は買収をきっかけに、その方針が大きく変わりました。

それまでは、顧客起点のサービス提供を重視し、現場に大きな裁量権がありました。

それが、企業買収後に売上重視のマネジメントに変わり、売上で業績の良い人材が評価・登用されるようになったのです。

それまで同社には「顧客に最高のサービスを提供する」というビジョンがありましたが、売上や社内事情を優先する風土へと変容していきました。

それにより、社員の裁量は小さくなり、売上の見込みや提案内容、個々の活動に対する報告がこと細かに義務づけられ、その結果、「自分の目指す方向感と合わない」という理由で多くの社員が会社を去りました。


会社が営利組織である以上、売上や利益を求めることは当然です。

しかし、数値目標の達成を絶対視して評価することはメンバーのモチベーションを必ずしも高めることにはなりません。

リーダーが数値目標に過度にこだわると、行き過ぎたマネジメントを招き、メンバーのチームへのロイヤリティや働く動機が損なわれます。

リーダーには、このバランスを適度に保った組織運営が要求されます。

Good Leader チームは「何を目指すか」「何のために存在するか」を共有する

「伝言役」ではなく、「伝道師」になる

経営トップが発信したビジョンやパーパスをリーダーが一言一句正確に伝えるだけなら「伝言役」に過ぎず、それならむしろ、動画やメールで直接伝えるほうが効果的です。

このときリーダーは、ミドルマネジャーとして経営とメンバーの「伝言役」ではなく、「伝道師」としての役割が期待されます。

ここでいう「伝道師」とは、トップのメッセージを正しく伝えながらその真意をわかりやすく説明することで、メンバーが自分ごととして受け止められるようにする役割です。

会社の目指す方向性がメンバーの仕事とどう絡んでいるのかをわかりやすい言葉で説き、その組織で働く意義を腹落ちさせていくのが「伝道師」です。

「伝道師」には経営側からの発信情報を正しく解釈し、その意図をメンバーに正しく伝えるための説明力が求められます。

ピラミッド型組織では部長会議や課長会議などの階層ごとの会議体が設置されることがあり、こうした組織体では会社方針等は上から順に「伝言ゲーム」のように落とされていき、「伝言役」のような役割に留まる管理者も出てきます。

動画を含めたメールやチャットなどの情報伝達環境なら一斉に同時配信ができるので、伝えるだけなら「伝言役」は不要です。

しかし、一斉配信では各チームにどんな意味があるかは説明されないので、リーダーが自チームの事情に合わせてその意図を説明する必要があるわけです。

昨今、中間管理職は不要という論説を耳にすることも増えてきました。それは、「伝言役」であればいらないということであり、「伝道師」としてのリーダーであればその価値が損なわれることはありません。

大切なことは、経営の意志を現場に浸透させるために、リーダーは会社からの発信情報をきちんと咀嚼し、自分の言葉でわかりやすくメンバーに説明するスキルです。

Good Leader　「伝言役」と「伝道師」の違いを認識し、意味ある伝え方に努める

すべてはビジョン・パーパスから判断する

ビジョンやパーパスがお題目にならないように、リーダーは現場での判断をそのビジョンやパーパスに基づいて行うことでメンバーの判断軸もぶれなくなります。

医療・ヘルスケア企業のジョンソン・エンド・ジョンソン（J&J）では、現場における意思決定は「クレド（我が信条）」と称する経営理念に従うことを徹底しています。

その特徴は、「顧客」「社員」「地域社会」「株主」の4つのステークホルダーに対して、この順番で果たすべき責任を表したことです。1943年に公表されて以来、時代に合わせて内容の一部変更はあるものの、この順番は何があっても変えることはありません。

それほどこの優先順位を重視しており、この優先順位に従って経営していくことで2023年現在、61年の連続増配を続け、株主の期待にも応えることができているのです。

同社の「クレド」が知られることになったのが1980年代に起きた、家庭用鎮痛剤タイレノールに青酸が混入され7人が亡くなるという「タイレノール事件」です。

このとき、経営者と従業員は「クレド」に従い、即座にアメリカ全土からすべてのタイレノールの自主回収を決め、これ以上被害者を出さないためにあらゆるメディアを使って情報公開を徹底的に行いました。商品の回収費用は推定1億ドルと言われています。

ビジネス史上最も優れたリスクマネジメントと称されたこの対応により、J＆Jは信頼を回復し、タイレノールも再び市場で販売されるようになりました。

現場での判断や意思決定は何も取り決めがなければ、個々人の判断で行われます。それだと経験値などに成否が左右されますが、ビジョンやパーパスに基づくことを徹底することで誰が行っても、「組織としての判断」になり、正当性が担保されます。

正当な判断ができる組織はそこで働く人たちの結びつきを強くする一因にもなります。それが、コミュニティエンゲージメントを高めていきます。

Good Leader　ビジョンとパーパスに基づく判断軸から意思決定を行う

会社のビジョンとメンバーの働きがいをつなげる

会社のビジョンやパーパスは、会社全体が目指している方向性です。

一方で、個々人にはそれぞれが志向するキャリアがあります。

そこに大きな隔たりがあったり、関係性が見出せなかったりすると、会社とのつながりはお金（収入）だけになります。

仕事にどのような意義を求めるかは、人によって異なります。

メンバーが仕事に対して感じる意義は、大きく「お金（収入）」「キャリア（自己成長）」「社会貢献」の3つです。

- 仕事は労働の対価として、「お金」を得ることができる
- 仕事はその経験を通じて、「キャリア」を積むことができる
- 仕事は他者のためになり、「社会貢献」ができる

これらは働く動機づけとなることです。そして動機づけには大きく「**外発的動機づけ**」と「**内発動機づけ**」があります。

外発的動機づけとは、成果に対する報酬やミスなどに伴う罰則といった外部からの働きかけによるものです。よって、「お金」は外発的動機づけといえます。

一方の内発的動機づけとは、世の中のためになるといったことや仕事そのものへの興味関心といったその人の内側からの刺激によるものです。よって、「キャリア」と「社会貢献」は内発的動機づけといえます。

ベストセラー『モチベーション3・0　持続する「やる気！」をいかに引き出すか』（大前研一訳、講談社）の著者ダニエル・ピンク氏は外発的動機づけをモチベーション2・0、内発的動機づけをモチベーション3・0と称し、モチベーション3・0を「活気ある社会や組織を作るための新しいやる気の基本形」としてその有効性を提唱しました。

これからのリーダーは、メンバーの動機の源泉がどこにあるかを理解し、適切に導いていくことが必要です。

外発的動機に関心が高い人は、その人の動機にあったコミュニケーションを行い、そのうえで内発的動機も刺激して、組織全体を活気あるものへと導いていくことが必要です。

安定した生活を望む人にとって、「お金」は重要な要素です。

そうした人たちには、ルールに則してきちんと評価し、正しく報いることです。

ただし、評価したことが会社のビジョンやパーパスにどう関連しているかをしっかりフィードバックすることが大事です。

例えば、会社のビジョンが「付加価値の高い商品・サービスを通じて、お客様一人ひとりの豊かな生活づくりのお役に立ち続ける」である場合、営業であれば、売上や利益をあげていくことで、会社は付加価値の高い商品・サービスへの投資が可能になり、それが顧客満足につながることを共有します。

高い成果を上げることが報酬に反映されると同時に、会社の方向性にも貢献しているとの納得感がさらに働く動機を刺激します。

「キャリア」への関心が高い人へは、会社の方向感と成長機会をつなげていくことです。

会社が目指すビジョンやパーパスの先には、本人にとってどのようなキャリア機会があるか、そのためにはどのようなスキル・経験が必要で、組織やリーダーはどのような支援ができるか。

会社の方向感と本人のキャリアを重ね合わせ、本人の思い描くキャリアをイメージできるように、一緒に考えることが重要になります。

その対話こそが、本人のキャリアの展望を明確にし、働きがいを高めていきます。

「社会貢献」への関心が高いメンバーへは、担当する仕事が顧客や社内の関係者をはじめとして他者にどのように貢献しているかを伝えることです。

場合によっては、現地への訪問や顧客アンケートなどを通じて、リアルに実感できる機会を持つことも有効です。

大きな組織に所属していると、自分の仕事が全体のなかで、どのような役割を果たしているのかわからなくなることがよくあります。リーダーはひとつ上の視点で、メンバーの仕事がどのようなインパクトを与えているかを改めて説くことが重要になります。

このように、「お金」「キャリア」「社会貢献」のそれぞれの動機に対して、リーダーは会社のビジョンやパーパスとのつながりを説き、より内面的な動機づけを行っていくことが重要になります。

働く動機が「お金」だけだと、極端な場合、「自分の成果が上がりさえすればよい」「自分の給料が上がることがすべて」と考える人が出てきてもおかしくありません。

そうした人は組織貢献を軽視しかねず、チームワークや周囲の人の働く喜びなどに悪い影響を与えかねません。

「お金」のことも大事にしながら、会社の方向性に矢印を合わせ、「キャリア」や「社会貢献」など、より高次な動機づけがエンゲージメントや帰属意識を高めるカギになります。

それには、リーダーはメンバーとコミュニケーションを適切に取りながら、会社で働く意義を共に適宜確認し合うことです。

Good Leader　1on1などの面談の場でメンバーと働く動機を語り合ってみる

ビジョンが伝わる説得力

リーダーがチーム内での求心力を高めるには「説得力」が大事であり、「何を語るか？」と「どう語るか？」を意識して対話することがカギです。

リーダーは、自分がどのような方向感を持っているかを示すとともに、その方向感にメンバーが信頼を寄せられるような態度・口調で語りかけなければなりません。

ある企業でリーダーシップ診断を行ったとき、メンバーの1人から「ビジョンが見えない」というフィードバックを受けた管理者がいました。ビジョンはしっかり伝えているはずと思っていたその管理者は、結果に違和感を持ちました。

そこで、本人にビジョンを伝える姿を再現してもらい、撮影した動画を筆者も一緒になって見ましたが、淡々とした調子で文書を読み上げるように伝えていました。

この動画を見た本人は、リーダー自身が方向性をどう捉えているかを自分の言葉で伝わりやすいようにメンバーに語りかけていくことが大切だと反省していました。

ビジョンをメンバーに伝えるには説得力がカギです。ここでは説得力を磨くために心がけておくと良い3つのポイントを紹介していきます。

1. 自分の言葉で語りかける

まず、会社や上位組織の方針が自チームや自分の仕事にとってどのような意味を持つのかを書き出し、見える化します。文字にして見える化することで考えが整理できます。

会社のビジョンやパーパスを自分ごととして捉えるには、それらが自分が担当する仕事にどうつなげられるかを自分なりに解釈して納得することです。

方針というものは納得感が得られれば、行動の起点や推進力になり、それを信じてまっすぐ進むだけです。

ビジョンやパーパスはまずリーダーがその意味を理解し、理解したことを自分の言葉でメンバーに語りかけることで、今度はメンバーが自分ごととして考えはじめます。

ビジョンやパーパスは会社の歴史と現業のあり方から明文化されるものであり、未来をポジティブにイメージするためのものです。

その思いを斟酌して自分の言葉で語りかけることで、リーダーの本気度がメンバーにしっかり伝わります。

2. 説得力の高い人に学ぶ

戦略的視点で語れる人、惹きつける話し方ができる人、穏やかな口調ながらも要点を簡潔に述べる人、このような人の話し方を手本とするのは大変有効です。

年始や新事業年度スタートの上層部のスピーチ、他部門合同の会議など社内をはじめ、話し上手の人の話し方の特徴をメモして、参考にすることです。動画で講演者の話を視聴するのもいいでしょう。重要なポイントでは、間を取る、落ち着いたトーンを意識する、力強くはっきりと伝える――。このような見え方を工夫するだけでも説得力は大きく変わります。

また話し方だけでなく、リーダー・プレゼンスもチェックしましょう。リーダー・プレゼンスとは、周囲から信頼を寄せられる確かな存在感のことです。

信頼感とは話す内容以上に、滲み出る本物感や自信が醸成するものです。

この人ならば困難で予測不能な状況をコントロールし、難しい決断を迅速に下し、成功に導いていくという安心感を周囲に与えるようなものです。

3．プレゼン力を鍛える

プレゼンテーション力（プレゼン力）を向上させるには、まずは場数を踏むことです。実際にプレゼンをしてみて、聴き手からのフィードバックを繰り返すことでプレゼン力は身についていきます。

筆者は今でこそ人数の多寡にかかわらず人前で話すことができますが、以前はプレゼンは決して得意ではありませんでした。特に、大人数の前で話すのは緊張し、自分でも向いていないのかなと思ったこともあります。

そこで、ＴＥＤトークやプレゼン巧者の動画を繰り返し視聴したり、プレゼン技術に関する本を読みあさったりしました。

あるとき知人から、「型を気にせず、思うがまま話したほうがあなたは面白いよ。話したいことをおもむくまま話してみたら」と助言をもらい、目を見開かれるような心持ちになりました。自分でも知らないうちに枠をはめてしまい、苦手意識を持ってしまったということです。

それからは、徐々にプレゼンテーションが楽しくなり、登壇セミナーなどは好評いただくようになり、自信を持つことができました。

不思議なもので、大人数相手のプレゼンテーションがこなせるようになると、普段の仕事でも臆せず話ができるようになるものです。顧客先の経営会議や紛糾する会議でも、介入して場を仕切ることが、さほど苦にならなくなりました。

プレゼンテーションの機会を増やし、他者に影響を与えることに慣れることは心を鍛えることでもあると実感しました。

他者の視線に自らをさらし、持論を主張することは勇気が必要です。自分を否定されるかもしれない、批判を受けるかもしれない——。そうした恐れを乗り越えることで、リーダーとしての胆力が身につきます。

Good Leader　メンバーから信頼が得られる話し方を自分なりに追求する

Section 11

進捗支援
――自己効力感の向上

仕事の進捗と働く動機の関係

メンバーのワークエンゲージメントが高まる最も重要な要素の1つが、「仕事が思いどおりに進捗している」ことであり、それがメンバーの働く動機に影響します。

ハーバード・ビジネススクールのテレサ・アマビール教授が行った調査に興味深い結果が示されています。

これは3業界、7企業、26プロジェクトチームの知識労働者238名を対象に、約4カ月間にわたり、毎日の業務日誌をもとに本人の「認識」「感情」「モチベーション」の変化を日次で自己採点し、それらが創造性や生産性にどう影響するのかを調査するものでした。

ここでいう「認識」「感情」「モチベーション」とは、次のとおりです。

認識：人間関係や組織、仕事などを良く、または悪く認識すること
感情：職場でのあらゆる出来事から生じる気分のこと

モチベーション：何かをする、またはしない際の原動力のこと

このときの最も重要な質問は、「心に残った今日の出来事をひとつ簡潔に記してください」でした。

その結果わかったことは、最良とする日には「（仕事の）進捗」が群を抜いて多く見られ、最悪の日には「（仕事の）障害」が最も多く言及されていたことです。

さらに内容を精査すると、進捗がわずかであっても、充足感に大きな影響を及ぼすことがわかりました。

また、わずかな進捗の充足感は、かなりの進捗を見せたときと同程度であり、進捗の大小は大きな問題ではないこともわかりました。

このことから言えるのは、メンバーにとって自分の仕事が毎日少しずつでもいいから進捗するよう支援することがとても大事だということです。

これは、考えてみると当然のことかもしれません。目標達成は日々の業務の積み上げに

よります。仕事が進捗すれば嬉しいですし、滞れば気持ちが萎えます。

仕事の進捗がワークエンゲージメントの要素として重要であるにもかかわらず、リーダーの中にはそのことに無頓着な人もいます。

アマビール教授は、669人のマネジャーに対して、働く人がポジティブな心理状態をつくり、創造性と生産性につながる要素として、「評価」「インセンティブ」「対人関係のサポート」「明確な目標」「仕事の進捗のサポート」の5つを示して、その重要度をランク付けするアンケート調査を行いました。

結果は、「仕事の進捗のサポート」が最下位で、最上位は「評価」でした。

働く側は仕事が「進捗」していると感じているときにポジティブな心理状態であるのに対し、管理者側はそう認識していなかったということです。

人は自己効力感を高めることで、やる気を強めていきます。

自己効力感とは、「自分には目標達成する能力がある」「自分ならきっとできる」という強い自信です。

他者の力も借りながら課題を乗り越え、進捗管理を自律的に行い、目標を完遂する。そのプロセスを通じて培った自信が自己効力感を高めていきます。

仕事が思うように進捗し、目標達成に近づくことが自己効力感を高めるには大事だということです。

そして、自己効力感の高まりがワークエンゲージメントを高めるのです。

このように、メンバーのポジティブな心理状態を維持していくには、仕事が思うように進捗できる職場にするにはどんなことに注意を向ければ良いかを考えていくことがとても重要です。

Good Leader メンバーの自己効力感が上がる仕事の仕方に注意を向ける

進捗の障害になる2つのこと

問題なく仕事が進捗していく職場にするには、仕事の障害になることを察知し、速やかにその障害を排除することが必要です。

現場の障害になることは様々でしょうが、代表的なものに「リソース不足」と「上位者の理解」があるのではないでしょうか？

リソース不足とは、業務に必要なヒト・モノ・カネ等が十分満たされていないことです。

リーダーが年度ごとに予算策定するのであれば、メンバーに必要なリソースを勘案して年度計画を策定しますが、そうでなければ、上長や上層部と交渉して早めに獲得します。

そもそも、チームの目標達成に必要なリソースを整えるのはリーダーの仕事です。

しかし、期中で急に離脱者が出たり、何らかの事情で全社的にコストダウンを要請されたりするような場合、「頑張ってみんなでなんとかしましょう」と声をかけるだけではダメです。

リーダーは成り行きでチームをマネジメントするのではなく、先を読みながらリスクマネジメントしなければなりません。問題が起これば、すぐに行動することです。

行動力のあるリーダーは、まずはリソース確保や業務の見直しに動きます。応援メンバーを確保したり、メンバーの仕事の割り振りを調整したりするなど、チームの目標達成を見据えながら現有メンバーの負荷を極力増やさず業務計画を見直します。こうしたときのスピード感がリーダーとしての優劣を決定づけます。

もう1つ、メンバーの業務遂行の障害になりかねない「上位者の理解」とは、決裁権を握る人の意思決定のことです。

上層部と現場のハブとなるリーダーは、メンバーが上層部に提案する場合には承認してもらえるよう、メンバーをサポートしなければなりません。もちろん、その内容が現場にとっても会社にとっても有益であるとリーダーが判断していることが前提です。

提案の合理性をリーダーは現場の実情を汲みながらも会社に説明し、上層部の理解を取りつけなければなりません。

上層部と掛け合って、現場の要望が受け入れられたとき、リーダーの信頼度は確実に増します。


某メーカーの製品開発プロジェクトの成否の原因をインタビューしたとき、筆者はリーダによってこうもチームの成果は変わるものかと実感したことがあります。

その会社では、製品の機能刷新には開発部や営業部などいくつかの部署を相手に社内折衝が必要でした。

保守的な風土が根強い組織であり、上層部の了解を得るには合理的な理由だけではなく、社内各部署の了解を取り付けなければなりません。


各部署への了解を取るタスクをメンバーに割り振って、自分はその結果報告を待つリーダーはメンバーの具体的なやり取りがわからないまま役員報告に臨みました。

実情を把握していないリーダーは役員からの質問にうまく回答できず、手戻りが生じ、結果として多くの調整の末、妥協を強いられました。そして、スケジュールの遅延や、開発費の削減などにより思うような製品開発ができませんでした。

その一方で、社内折衝の役割はメンバーに割り振りながらも各部署のキーマンの説得を事前に行い、メンバーが問題なくタスク遂行できるように準備したリーダーがいました。

このリーダーは役員への事前説明も怠らず、報告会ではメンバーと一緒になって説明に臨んだ結果、現場も納得のいく回答が会社側から得られました。

結果として、革新的な機能や十分なプロモーションによって、ヒット商品を生み出せたそうです。

この2人のリーダーに歴然とした能力の差があったわけではありません。

しかし、前者のリーダーはチームのまとめ方と上層部へのアプローチの仕方が不十分であり、後者のリーダーはそれらを手抜きせず、現場の意志を上層部に合理性をもって理解してもらう努力をしたということに大きな違いが出たことにすぎません。

Good Leader メンバーの仕事の障害になることを常に留意し改善する

プロセスを褒めることの重要性

進捗支援のためのマインドセット、それは成果だけでなく、プロセスも褒めることです。

このことについて、スタンフォード大学の心理学者キャロル・S・ドゥエック教授の実験結果が参考になります。子どもをどのように褒めるかで性格（努力型か、失敗回避型か）が変わってくるという実験です。

このときの実験では、思春期初期の子どもたち数百人を2つのグループに分けて、知能テストを解いてもらいました。

一方のグループには正解できたことを「頭がいい」と能力を褒め、もう一方のグループには正解できたことを「頑張ったね」と努力を褒めました。

その次に、子どもたちに新しい問題を見せて挑戦するかどうかを尋ねたところ、能力を褒めたグループは拒否し、努力を褒めたグループの大半がチャレンジしました。
さらに問題の難易度を上げて両グループに解答してもらいましたが、能力を褒めたグループは成績が落ち、努力を褒めたグループは成績が上がりました。

ここからわかったことは、能力を褒められると期待を裏切りたくないので新しいことにチャレンジせず、そのことが課題への挑戦意欲を失うことになること、そして努力を褒められるとチャレンジすることに面白みを感じ、積極的に難しいことに挑戦するマインドセットを持つようになることです。

メンバー指導でも、成果を出したことを「優秀」だとして能力を誉めるとその期待を裏切りたくないという心理が働き、失敗しない選択をしがちです。

一方で、成果を上げたのは「努力」を怠らず頑張ったからだとそのプロセスを褒めることで、メンバーの継続的な努力を引き出すことができます。例えば顧客訪問を少しも厭わず継続してきた、他部門との協働が新規開拓を広げたなどの成果の裏側にある「本人ならではの仕事ぶり」をよく理解し、その行為を褒めることです。それにより、メンバーの継続的なモチベーション向上が促せます。

この視点を持つには、ふだんから「どのような取り組みをしているか?」と、メンバーの仕事のプロセスに関心を持つことです。

Good Leader　メンバーの仕事のプロセスを適宜確認し、良い事例はすぐ褒める

ヒトをつなげて仕事の幅を広げる

現場と上層部とのハブになるリーダーは、上層部からの経営情報やメンバーからの顧客や現場の情報が集まりやすい立ち位置にいます。

情報だけではなく、社内外のヒトのネットワークも広がりやすい立場でもあります。

このネットワークはリーダーひとりで開拓できたわけでなく、立場がもたらしてくれたものだと理解することです。

その理解のもと、保有するリソースは自分だけで抱えずにメンバーにシェアすることで、仕事の進捗スピードや幅の拡大に役立つように支援します。

この意識を持つかどうかで、リーダー自身のネットワークの広がり方も変わってきます。

メンバーに人を紹介することが仕事の1つだと思えれば、人脈開拓の意識が高まり、どんどん人に会うように自分自身を動機づけるようになります。

それが結果として、リーダー自身のネットワーク力を強化し、そのネットワークにメンバーが頼もしさを感じます。

ただ、人をつなげるといっても、紹介するだけではありません。紹介しながらそれが有機的に結びつくようにフォローアップも行うことです。

また、**メンバーに人を紹介するだけでなく、外部の人同士をつなげて外の人脈の幅を広げることで仕事の幅を広げることも大切です。**

これにより、新たなイノベーションが起きることもあります。

イノベーションとは「新結合」ともいわれますが、異業種とのつながりがイノベーションの芽を生みます。

それには、「横の人脈」を広げる活動も有効です。

横の人脈とは、本業とは関係ない人たちです。

身近なところでは学校時代の知り合いやサークル活動のメンバーなどですが、人脈開拓を意識的に行っている人はサードプレイスを持ち、そこでの異業種交流をビジネスに活かしています。

こうした人はビジネスとの連携を前提に活動しているので、本人が関わるビジネスを核に、その輪を広げる人たちと定期的なコミュニケーション活動を行ったりしています。

横の人脈に対して「縦の人脈」とは、自分が携わっている業務に関係する人たちです。日頃からコミュニケーションしている人たちであり、現在の業務を深めていくうえで大切な人たちです。

縦の人脈が広がるにつれ、業務の練度も高まり、その業務のプロへと成長していきます。そして、縦横の人脈が広がっていくことで、専門性の高さと視野の広さの両面を身につけることができるようになります。

ジョブ型の働き方では、これによりどんどん専門分野が補強され、その人の市場価値が高まり、仮に転職する場合、良い条件で自分を売り込めます。

Good Leader　「横の人脈」と「縦の人脈」を広げる活動を心がける

Section 12

インテグリティ
——リーダーとしての信頼性

正しく行動する

これまで、メンバーが問題なく働ける職場環境づくりにリーダーはどのように関与し、どんな支援策を実行すればよいかを中心に述べてきました。

そして、メンバーが協働することでチーム目標を達成し、メンバーもチームも成長していくことを念頭にリーダーは役割を果たしていくことだと説いてきました。

そしてそれが、リーダーの評価になります。

そのためにはリーダーの言うことを信じてもらえる信頼性が重要なカギになりますが、その基軸となるのが**インテグリティ**（integrity）です。

インテグリティとは、「誠実」「真摯」「高潔」という意であり、確かな倫理観を持ち、公明正大に物事を判断し、正しく行動する人間性のことです。

会社の目標や仕事に対して誠実であり、誰に対しても裏表なく接し、良い行動は褒め、

ルール違反があれば教え諭し、礼儀正しい態度でいることでインテグリティの心が育まれていきます。それが、勇気ある行動の源泉にもなります。

不祥事や不正により、企業ブランドを著しく毀損させてしまった事件が後を断ちませんが、その原因の多くが上層部や組織のリーダーの指示や黙殺によるものです。

このことをリーダー自身が肝に銘じることが、組織を健全に維持する第一歩です。

これに関して、興味深い調査結果が示されています。

ＰｗＣコンサルティング合同会社ストラテジーコンサルティング（Strategy &）が実施した「２０１８年ＣＥＯ承継調査」（世界の上場企業のうち時価総額が上位２５００社が対象）です。

この調査によると、ＣＥＯの解任理由として「倫理的不祥事（39％）」が、「財務業績（35％）」、「取締役会での紛争（13％）」よりも上回っています。

高い業績を上げても、リーダーにインテグリティが欠けていると人心は離れていきます。

インテグリティに問題のある行為には、ハラスメントや顕著な贔屓、利己的な人事、経費の流用などの明確なコンプライアンス違反やグレーゾーンのものもあります。

仮に上層部が不正を行ったり指示したりしたとき、リーダーが毅然とした態度を取らないと、メンバーは組織にもリーダーにも失望します。それが続くと、ピープルエンゲージメントやコミュニティエンゲージメントは損なわれ、優秀な人材の離脱が始まります。

実際にリーダーのインテグリティの欠如によって、組織が空洞化してしまったケースはよく聞きます。ある会社で実際にあった話です。

弁が立ち、顧客からの信頼が厚い優秀な社員だと上層部から一目置かれる人が花形部署のリーダーになると、そのチームの業績が急上昇しました。

リーダー本人が営業に専念し、多くの仕事を取ってきたのですが、それを受ける現場のキャパシティを超えてしまい、サービス品質が徐々に下がってきました。現場からは業務量過多やサービス品質低下への懸念があがってきたものの、リーダーは営業攻勢の手を緩めることはしませんでした。

そのうち、現場でトラブルが噴出するようになりましたが、リーダーは「現場の努力不足」と説明するだけでした。メンバーからは、リーダーの「顧客を大事にしない姿勢」に疑問視する声が徐々に出てくるようになりました。

その結果、業績は下降線を辿ることになったのです。

業績悪化の問題以上に職場崩壊を招いたことで、そのリーダーは交代を余儀なくされ、組織の状態を回復させるまで、しばらく時間を要することになりました。

インテグリティが欠如したリーダーがチームの指揮をとるようになると、倫理観が失われていきます。仕事そのものよりも、リーダーを忖度にすることに部下の意識が向かいがちになると不穏な空気がじわりじわりと組織に広がります。

すると、組織はウチ向きになり、顧客や仕事に真摯に向き合いたい人にはその場にいることがいたたまれなく思えてきます。

顧客や取引先、真面目に働く社員のことを考えれば、リーダーは正しい言動を貫く心を持ち、公明正大に振る舞わなければならないことは自明の理です。

しかし、インテグリティの心が欠如した人だと、そうした基本的なことを無視した振る舞いが出てきます。注意が必要です。

Good Leader　インテグリティに欠ける言動とは何かに注意を払う

正しく叱る

かつては部下のミスに上司が感情的に怒っても教育的指導として流されることもあったりしましたが、現在同じことをすればハラスメントの対象になりかねません。

このことがやや極端に解釈されて、部下を「叱る」ことを遠慮するリーダーが増えているのが現在のビジネス現場の実態です。

しかし、チームマネジメントだけでなく部下の成長支援からも、これはよく考えるべき問題ではないでしょうか？


そもそも叱るというのは、ルールから逸脱した行為を軌道修正するために行うことです。

これこそ、「教育的指導」です。

ルールを逸脱しているのに叱らなければ、メンバーは規則に鈍感になっていきます。

すると、「これくらいはいいだろう」と甘えが生じ、組織から規律が失われていきます。

そう考えると、叱ることのできない人はそもそもリーダー失格です。

ただ、叱ることは人によっては勇気のいることでもあります。叱ることで相手から嫌われるかもしれないと思い、ためらいの気持ちが生じたりもします。

その逆に、なんでもかんでも叱ればいいというものでもありません。

叱ってばかりだと相手は萎縮し、心理的安全性を損ないかねません。

そこで、どんな場合が教育的指導として「叱る」ことになるか、その基準をメンバーと共有しておくと上司と部下双方の納得感が高まり、「叱る」ことが指導する側にもされる側にも成長の一環として理解されるようになるのではないでしょうか？

また、叱る基準がわかっているとそれが抑止力となり、ルール違反への注意意識がチーム内で共有されます。その基準とは例えば次のようなことです。

1. 社会的な倫理観に抵触すること

2. ビジョンや方針・ルールに沿わない言動

3. チームの風土に悪影響を与えること

1．社会的な倫理観に抵触すること

明らかに倫理面に抵触することは当然ですが、グレーな言動も該当します。

むしろ、グレーな言動をいかに見極めるかが重要です。

差別的な発言やハラスメント的な言動、一時的な機密情報の持ち出し、経費の不適切使用など、グレーの行為を放置していると、いずれエスカレートしてブラックになります。

「叱る」前提として、まずは事実確認です。事実確認ができたら、その事実について指摘して、相手を誹謗することなく行為を叱ることです。

2．ビジョンや方針・ルールを逸脱する言動

会社やチームの方向感を逸脱する言動は正さなければなりません。

それをリーダーが放置していると黙認したと見なされ、ビジョンや方針・ルールはそれほど重視しなくてもいいと認識されます。

すると、組織の求心力が失われ、コミュニティエンゲージメントが失われていきます。

あるアパレル企業では、経営者が「顧客体験を重視し、不便を感じさせてはいけない」

という会社方針を掲げているにもかかわらず、人気商品の店頭での欠品がたびたび起きていました。その経営者は関係部署で問題を把握しているのに対応が図られていないことが原因だと指摘しました。そして、欠品が相次いだことではなく、会社方針の理解の弱さで来店客に迷惑をかけたことについて、責任者たちに注意を促す意味で叱り、改めて会社方針の徹底を図り、改善を行いました。

ささいなことでもスルーしていると、それが累積して大きな問題になることもあります。小さな問題のうちからその対応をしていれば、注意喚起程度で済み、叱るまでに至らないことになります。

3．チームの風土に悪影響を与えること

チームの風土はメンバーの言動に影響を受けることがあります。

特に気をつけたいのが、ネガティブな言動です。会社やチームに対する不満、他者への攻撃的な言動や陰口、顧客や仕事に対する愚痴など、ネガティブな言動がチーム内に広がると職場の雰囲気が悪くなるだけでなく、人間関係に疑心暗鬼が生じたり、組織へのロイヤリティが下がったりします。

ネガティブな言動を行うのは、その人なりに何らかの理由があるからです。
このときにリーダーがやるべきことは、その人から1対1で話を聴くことです。

人は話を聴いてもらうことで心に澱んだネガティブな感情を吐き出してスッキリしたり、不満が解消されたりします。コーチングの技法を参考にして、あくまで傾聴の態度で、相手の言い分をまずは受け止めます。

そのうえで、明らかに間違った言動については正しく対応します。

あるチームでは、転職してきたばかりの人がリーダーとして着任しました。すると、中堅社員の1人がそのリーダーを会社の仕事のことがよくわかっていないなどと陰口を言い出し、反抗的な態度を取り始めました。

新任リーダーは、その人と1対1でざっくばらんな話し合いの場をつくりました。リーダーは聴き役に徹し、相手の想いをじっと聴いていたところ、どうやらリーダーの役を新任の自分に奪われたことが不満だということがわかりました。

新任リーダーはその人のその気持ちをいったん受け止めたのち、反抗的な態度は他のメンバーにとってよくないとはっきり伝えました。

そのうえで、チーム内で影響力のあるその人がどんな役割で組織に貢献していて、今後も必要不可欠な人材であることを伝えました。

そして、ベテランとしてのスキルをこれからもチーム内で活かしてほしいこと、その活動に対してできるかぎりの支援をすることを説いたのです。問題の社員はリーダーが真正面から自分に向き合っていると感じ、徐々に関係性は改善したそうです。

リーダーの態度として大事なのは、厳格さです。
間違ったことには毅然とした態度で叱り、改善を促すために教え諭すことです。

これを曖昧な態度で対応すると、リーダーとしての軸がブレた人だと周囲は看破します。

また、メンバーに注意を与えるべきときは間を置かず、周囲から遠ざけた場で行います。間を置くとコトの重みが弱まり、メンバーの前で叱ることは本人のプライドを傷つけることになるからです。

Good Leader 間違ったことには毅然と叱ることがリーダーの役割だと認識する

リーダーの品格

服装や身だしなみなど外見だけではなく、内面も高潔なリーダーは周囲の行動を正す雰囲気をまといます。

品格がある人と一緒にいると、品位を失う言動は恥ずかしいと思ったりしませんか？

何をもって品格かは、その逆を見るとよくわかります。

高圧的な話し方、差別的な態度、利己的な行動などは信頼とは程遠く感じられます。

では、品格はどう磨けばよいのでしょうか？

最もシンプルなのは、他者を優先して考える「利他の心」を意識することです。

利他の心に従うと、他者の幸福のために自分はどう行動すればよいかがわかるようになり、それがインテグリティにつながっていきます。

利他の心が他者を気遣う言動に表れ、公明正大な人間性を育んでいきます。

リーダーがこうした態度でいると、自然と周囲から信頼が置かれるようになります。

これが、リーダーとしての品格です。

なお、品格とは無理をして演出するものではなく、滲み出てくるものです。

利他の心を意識することで、品格が醸される自然な振る舞いができるようになります。

その習慣こそが、インテグリティだと言えます。


リーダーとは一般的に、頭の良さや才能、活力、克己心、コミュニケーション力等を発揮してきて今の地位を掴んできたと思われがちであり、これらの要素が成功条件だと一部に認識されています。

しかし、人の心を掴んだり、共感されたりするにはその人が「何者なのか?」「どんな人間性なのか?」ということに疑義をもたれないことが大切です。

「品格がある」ということは、誰が見ても疑いのない晴れやかさがあることです。

そんなインテグリティが感じられる人に筆者自身もなりたいと心がけています。

Good Leader 「利他の心」を大切にする

謙虚になってエンゲージメントを高める

朝に発した言葉を夕方には翻すという主旨で、かつて朝令暮改はリーダーとしてあるまじき行為だと言われていました。

しかしながら、仮に誤った判断をしたならば、素直に非を認め、謝罪する謙虚さを示せば、その正直さと謙虚さで信頼感が失われることはありません。

それなのに、プライドや保身のために前言を素直に撤回しないことでリスクを招くリーダーが後を立ちません。誤った対応をしがちなリーダーにとって、チームを危機に巻き込まないためには謙虚であることが重要です。

事業の存亡にかかわる大きな決断を迫られたリーダーの話です。

前任者から引き継いだ事業が国の定める品質基準を満たしていないことが部下の進言で発覚しました。公表すれば顧客からも社会からも非難されることは明らかでした。どうやら前任者はそのことを知りつつも先延ばしをしていたようでした。

そのリーダーはその状態を見過ごしてきた部下を思わずカッとなって厳しく叱責したそうです。その後、熟慮の末、正しく行動すべきと考え、公表を選択しました。

事態が判明して即座に公表したことでリスクが拡大することなく収束しました。

しかし、不正を強いられて我慢してきた部下の勇気ある進言を非難したことを深く悔恨しました。自分の精神的未熟さを思い知ったそうです。

その行為を恥じ、部下たちに素直に謝罪しました。

こうした謙虚な態度に部下はそのリーダーへの信頼感を強めることになりました。

リーダーが謙虚であることの大切さは内外の多くのリーダーたちが唱えています。

そのひとり、京セラや第二電電（現ＫＤＤＩ）を創業し、ＪＡＬ再生に尽力した故・稲森和夫氏は、「６つの精進」という訓示の中で謙虚について触れています。

「世間では、他人を押しのけてでも、という強引な人が成功すると思われがちですが、決してそうではありません。成功する人とは、内に燃えるような情熱や闘魂を持っていながら、謙虚で控えめな人物です。このような謙虚さを持って生きることが大切なのです。

しかし、そのような人でも、成功し、高い地位につくと、謙虚さを忘れてしまい、傲慢になることがあります。若い頃は、謙虚に努力していた人が、知らず知らずのうちに慢心し、人生を踏み謝ることさえあるのです。

『謙虚にして驕らず』。このことを、深く心に刻んで、生きていくことが必要です。」

出典：稲盛和夫OFFICIAL SITE（https://www.kyocera.co.jp/inamori/archive/lectures/devoted.html）

なお、「6つの精進」とは次の6つです。

- **誰にも負けない精進をする**
- **謙虚にして驕らず**
- **反省のある毎日を送る**
- **生きていることに感謝する**

- 善行、利他行を積む
- 感性的な悩みをしない

本項で謙虚さが大事だと強く唱えるのは、人間とはどうしても立場や権威により驕りの気持ちが生じ、自分では気づかないうちにどこか尊大になりがちだからです。

これは、気をつけていてもどんな人にも起こりえます。

しかし現代のチームマネジメントでは、リーダーはチームをまとめる役割でしかありません。あえて言うなら、チームメンバーの一人でしかありません。

リーダーが謙虚であることは、インテグリティを身につける一歩です。

リーダーは「善い心」を持って、メンバーの成長支援、顧客や社会への貢献を実践していきます。その行為にメンバーは共感し、信頼を寄せていきます。

リーダーたるもの、常に謙虚でなければならないのです。

Good Leader　どんなに調子が良くても、「謙虚にして驕らず」を心がける

おわりに

リーダーのあり方は、時代とともに移り変わっていきます。

1990年代以前のリーダーは、「率先垂範」でした。当時の企業小説などを読んでみるとよくわかりますが、リーダーたるもの先陣をきって、背中を見せながらメンバーを引っ張っていくことが求められていました。

当時は、インターネットは普及しておらず、プッシュ型のシンプルなビジネスモデルが多かったからです。

顧客や競合の情報は今のようにワンクリックで手に入る時代ではありません。良い製品・サービスを創り出して、広げていくことが戦略の定石でした。

そこで重要になるのは、組織の活動量です。

リーダーはブルドーザーのように力強く前進していくことが求められ、メンバーもリーダーに食らいついていくのが当たり前でした。「24時間戦えますか？」というCMがヒットしましたが、モーレツ社員の中で最も熱量高く周囲を引っ張っていくのが理想のリーダーだったわけです。

2000年代に入り、リーダーに求められるのは「ビジョン」に変化していきました。インターネットが普及し、世界中の情報が手軽に得られるようになりました。企業の戦略もプッシュ型からプル型へのシフトが起こるようになりました。良い製品・サービスが売れるのではなく、顧客のニーズを掴んだ製品・サービスが売れるというわけです。

顧客ニーズを捉えるためには、「現場力」が重要になりました。直接的に顧客接点を持つ現場社員が、顧客ニーズにあわせて柔軟に対応することが求められたのです。メンバーはリーダーの直接的な指示を仰がなくても、ある程度、同じ方向性で自律的に考えて動かねばなりません。だから、「ビジョン」がリーダーに求められたのです。

リーダーの大きな転換点といえるでしょう。

2010年代には、「インクルーシブ（包括的であること）」がリーダーに求められるようになってきました。

これは市場が急速に世界に広がり、働き手の多様化も一気に進んだからです。グローバル企業が台頭し、グローバル全体での投資決定や機能集約などが進むようになりました。

そうなると、特定の人種・性別に偏った意思決定や業務運営は望ましくありません。様々な顧客や地域特性を正しく理解したり、イノベーションを起こしたりするためには、多様性のあるチームであることが欠かせなくなってきたのです。

巨大テック企業の経営幹部にインド人や女性が登用されることも出てきました。リーダーは、多様なチームをまとめあげて、チームの強さを引き出すことが求められるようになってきたのです。

この動きは、世界と日本で温度感やスピード感に違いがあります。

筆者は、2009年に社団法人企業研究会の研究プロジェクト「21世紀の経営とビジネスリーダーの要件と育成」に参画し、様々な経営トップの意見を聞く機会がありました。

そこで、世界的企業の日本法人の経営者は、米国本社からインクルーシブであることを強く求められており、実際に経営チームはグローバルの各国から選ばれた多様性あるチームに変化しつつあると語ってくれました。

研究チームでもそれを受けて、「日本企業の経営チームは日本人だけで構成される」ことは、これからグローバル競争を勝ち抜くための障壁になるのではないかという議論が持ち上がりました。日本は地理的な条件や言語的な障壁があるため難しいとなりましたが、世界と日本では必要性や事情が異なり同一の課題感で語れない難しさがありました。

日本では、世界と少し異なる文脈で「インクルーシブ」が求められるようになりました。そのキーワードは、女性活躍と高齢者雇用、制約社員とZ世代です。

日本の労働人口が減少していくことは社会課題です。昨今は共働きも当たり前になってきましたが、女性活躍は官民あげての取り組みがなされてきました。保育園の拡充といった環境整備や育休・産休からの復帰サポート、女性管理職の登用など、様々な取り組みがなされています。

まだまだ不十分な点も多くあるかもしれませんが、以前と比べると、確実に女性の活躍機会は増えてきたでしょう。

高齢者雇用安定法が定められ、65歳までは継続就業希望者に対する雇用義務が課され、70歳までの努力義務が企業に求められるようになりました。

介護離職も大きな話題になりましたが、介護や育児などにより働くうえでの制約を抱えながら就労する人も増えています。

デジタル・ネイティブで精神的な充足を重視するZ世代が入社し、これから働き手の中心となっていきます。

職場の多様化はここ10年で急速に広がっており、その流れは不可逆です。働き盛りの男性で無制約の働き手が大部分を占めていたかつての職場であれば、職場代表であるリーダーは自身の経験則や感覚に頼っていても、周囲からの賛同・共感を得られました。

しかし、性別・年齢・制約・価値観がバラバラな多様性ある職場では、そうはいきません。リーダーの経験則や感覚では、メンバーの共感を得られません。

だからこそ、相手の立場や背景を慮り、包み込んでいく「インクルーシブ」が日本の職場でも求められるようになったのです。

さらに今、「リーダー」を取り巻く環境が大きく変わろうとしています。米中対立やロシアのウクライナ侵攻などによる世界的な情勢変化、生成ＡＩをはじめとしたテクノロジーの急激な進化、オンライン会議の一般化による働き方や価値観の転換、組織と個人のパワーバランスの変化。大きく前提が変わるなかで、リーダーは組織やメンバーを導いていかなければなりません。

筆者は、組織・人事領域のコンサルタントとして、約20年間、企業変革やリーダーシップ開発に関わってきました。そのなかで、多くのリーダーと対話を重ねてきました。特にここ数年間は悩めるリーダーが確実に増えています。私自身も僭越ながら、リーダーのひとりとして、日々悩みながら試行錯誤を重ねています。

本書は、様々なリーダーシップに関する書籍・文献を読み解き、企業リーダーとの対話や私自身の実体験をもとに、これからのリーダーの知っておきたいことを12のエッセンスにまとめ直したものです。

そのなかには、これまでも求められてきた普遍的なリーダーシップも含まれます。リーダーが変わらず持ち続けなければならないこと、これから意識しなければならないことを12のエッセンスに集約しました。

リーダーシップは何も特別なものではありません。意識の持ち方次第で大きく変わっていきます。

これからは、どのようなリーダーであるべきかを知ることが第一歩になります。

末筆ながら、本書の執筆にあたり、その構想や内容に貴重なご指摘をいただいた編集者の根本浩美氏には、心から感謝を申し上げます。

また、これまでにコンサルティングの現場でお会いしたリーダーの方々からは、問題意識や本書における考察を行う上で、貴重な示唆と刺激をいただきました。

この場を借りて、深く御礼を申し上げます。

2023年9月

加藤守和

参考文献（順不同）

『マネジメント［エッセンシャル版］基本と原則』P．F．ドラッカー著、上田惇生訳、ダイヤモンド社
『ドラッカー名著集2　現代の経営』P．F．ドラッカー著、上田惇生訳、ダイヤモンド社
『幸福学』ハーバード・ビジネス・レビュー編集部編、ダイヤモンド社
『心理学的経営』大沢武志著、PHP研究所
『モチベーション3・0』ダニエル・ピンク著、大前研一訳、講談社
『恐れのない組織』エイミー．C．エドモンドソン著、野津智子訳、英治出版
『心理的安全性のつくりかた』石井遼介著、日本能率協会マネジメントセンター
『リデザイン・ワーク』リンダ・グラットン著、池村千秋訳、東洋経済新報社
『スタンフォード式　最高のリーダーシップ』スティーヴン・マーフィ重松著、サンマーク出版
『オーセンティック・リーダーシップ』ハーバード・ビジネス・レビュー編集部編、ダイヤモンド社
『ザ・マネジャー　人の力を最大化する組織をつくる』ジム・クリフトン／ジム・ハーター著、古屋博子訳、日本経済新聞出版
『若者、バカ者、よそ者　イノベーションは彼らから始まる！』真壁昭夫著、PHP新書
『スタンフォードの自分を変える教室』ケリー・マクゴニガル著、神崎朗子訳、大和書房
『マネジャーの最も大切な仕事　95％の人が見逃す「小さな進捗」の力』テレサ・アマビール／スティーヴン・クレーマー著、樋口武志訳、英治出版

加藤 守和（かとう もりかず）
組織・人事コンサルタント。一橋大学経済学部卒。シチズン時計、デロイトトーマツコンサルティング、日立コンサルティング、コーン・フェリー、PwC等に在籍。リーダーシップのあり方についてコロナ禍をきっかけに深く考えるようになり、数百人のビジネスパーソンにヒアリングを実施。これまでと変わらない普遍的なリーダーシップと意図的に変えていかなければならないリーダーシップがあると考え、本書を執筆。約20年間にわたり大手コンサルファームで組織・人事のコンサルティングを幅広く経験。
著書：『日本版ジョブ型人事ハンドブック』（日本能率協会マネジメントセンター）、『ジョブ型人事制度の教科書』（共著、日本能率協会マネジメントセンター）、『ウェルビーイング・マネジメント』（日経BP）、『「日本版ジョブ型」のキャリア戦略』（ダイヤモンド社）、『VUCA　変化の時代を生き抜く7つの条件』（共著、日本経済新聞出版社）、『生産性向上に効くジョブ型人事制度』（日本生産性本部）
morikazu.kato11@gmail.com

リーダーになったら知っておきたい12のこと

2023年９月30日　初版第１刷発行

著　者──加藤 守和

発行者──張 士洛
発行所──日本能率協会マネジメントセンター
〒103-6009 東京都中央区日本橋2-7-1　東京日本橋タワー
TEL 03(6362)4339（編集）／03(6362)4558（販売）
FAX03(3272)8127（販売・編集）
https://www.jmam.co.jp/

装　　　丁──山之口正和（OKIKATA）
本文ＤＴＰ──株式会社森の印刷屋
編集協力──根本浩美（赤羽編集工房）
印 刷 所──広研印刷株式会社
製 本 所──ナショナル製本協同組合

ISBN978-4-8005-9143-2 C2034
落丁・乱丁はおとりかえします。
PRINTED IN JAPAN